기후난민

기후난민

권승문 지음

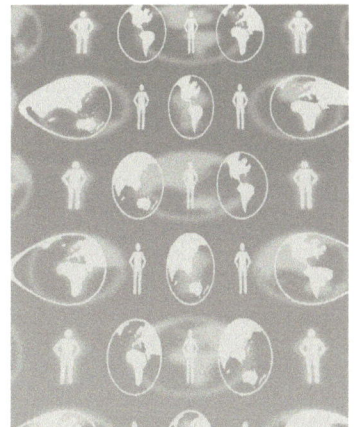

기후는 누군가에게
결코 평등하지 않다

드레북스

기후난민

1쇄 발행 2025년 6월 24일

지은이 권승문
펴낸이 조일동
펴낸곳 드레북스

출판등록 제2025-000023호
주소 서울시 은평구 통일로 630 래미안 베리힐즈 203동 1102호
전화 02-356-0554 **팩스** 02-356-0552
이메일 drebooks@naver.com
인스타그램 @drebooks

인쇄 (주)프린탑
배본 최강물류

ISBN 979-11-93946-42-8 03300

- 이 책은 저작권법에 따라 보호받는 저작물이므로 무단 전재와 무단 복제를 금지하며, 이 책의 전부 또는 일부를 이용하려면 저작권자와 드레북스의 동의를 받아야 합니다.
- 책값은 뒤표지에 있습니다.
- 잘못된 책은 구입하신 서점에서 바꿔 드립니다.

기후위기의 최전선에 그들이 있다

프롤로그

지구가 따뜻해지는 것을 넘어 뜨겁게 끓어오르고 있다. 안토니우 구테흐스 유엔(UN) 사무총장은 "지구온난화 시대는 지나가고 지구 열대화 시대가 시작되었다"고 경고했다. 그의 경고처럼 지구 평균온도는 매년 최고 수치를 경신하고 있다. 2024년은 가장 뜨거운 해로 기록되었다. 2024년 지구 평균기온은 산업화 이전(1850~1900년)보다 약 1.55도 상승했다. 175년 관측 이래 가장 높은 수치로, 지구 평균기온이 산업화 이전 대비 1.5도 이상 오른 것은 2024년이 처음이었다.

바다도 빠르게 뜨거워지고 있다. 지구열대화로 과잉된 열은 대부분 바다에 축적되어 해양 수온을 높인다. 2024년 전 세계 해양 열 함량은 65년 관측 기록 중 가장 높은 수준에 도달했다. 지난 20년간 해양 온난화 속도는 1960~2005년보다 2배 이상 빨라졌다. 해양 온난화는 해양생태계를 파괴하고 생물다양성을 훼손하며 해양의 탄소 흡수원 기능을 감소시킨다. 열대·아열대 폭풍을 일으키고 극지방의 해빙과 육지의 빙하를 녹이면서 해수면을 상승시킨다.

2024년 전 세계 평균 해수면 고도는 1993년 위성 관측 이후 가장 높았다. 지난 10년(2015~2024년) 사이 해수면 고도는 연간 4.7㎜씩 높아져 1993~2002년(2.1㎜)보다 2배 이상 빠르게 상승했다. 안토니우 구테흐스 유엔 사무총장이 해수면 상승에 따른 침수로 거대 인구가 삶의 터전을 잃는 '기후난민' 사태가 발생할 수 있다고 우려하는 이유다. 구테흐스 총장은 "삶의 터전이 사라진다고 인권이 사라지는 것은 아니다"라며 해수면 상승을 국제법으로 다루어야 할 난민 위기로 규정했다.

해수면 상승은 해안 지역에 사는 사람들의 삶에 커다란 영향을 미친다. 바닷물이 저지대 습지와 마른 땅에 범람하고, 해안선을 침식하고, 해안 홍수도 일으킨다. 당장 해수면 상승으로 큰 피해를 겪는 나라들이 있다. 해발고도가 1m 안팎의 섬들로 이루어진 몰디브, 해발고도 2~4.5m 정도의 섬들로 이루어진 투발루와 키리바시, 방글라데시, 인도네시아 등은 지금도 해수면 상승으로 큰 피해를 겪고 있는 대표적인 나라들이다.

기후난민은 지구온난화에 대한 우려가 본격화된 2000년대부터 사용된 용어로 갑작스러운 기후변화와 그에 따른 자연재해로 인해 생활이나 생활환경에 위협을 받아 일시적 또는 영구적으로 터전을 잃고 국내외로 이주한 실향민을 총칭한다. 하지만 국제법상 명확하게 정의되고 인정되는 개념은 아니다. 2010년대에 들어 기후난민은 '터전을 상실한 불쌍한 타자'의 이미지에서 '선진국의 국경과 안보를 위협하는 잠재적 침입자'의 이미지로 변화했다. 유럽과 선진국 내 보수 진영은 개발도상국의 이민자 유입 문제를 정치화했고, 기후난민 개념은 정치화되었다.

이 책은 기후난민의 법적·정치적 쟁점을 다루는 학술서가 아니다. 물론 기후난민을 둘러싼 국제적인 논의를 일부 담기는 했지만, 기후난민을 이해하기 위한 근거로 한정된다. 이 책에서는 기후난민을 기후변화의 최전선에 놓여 있는 사람들이자 기후위기의 증인들(육지와 바다 생물 포함)로 폭넓게 이해한다. 또한 이 책은 기후변화를 설명하는 과학서가 아니다. 기후변화에 따른 이상기후 현상들을 다루지만, 기후변화에 따른 영향과 피해를 이해하기 위해서다.

이 책은 뜨거워지고 산성화되는 바다에서 하얗게 죽어가는 산호들과 피난처를 찾아 이동하는 해양생물들, 해수면 상승으로 국토가 사라질 위기에 처한 작은 섬나라 국가들의 절박한 대응과 기후난민이지만 난민으로 인정받지 못하는 사람들, 폭염에도 쉬지 못하고 야외에서 일할 수밖에 없는 노동자, 집과 논밭에서 조용한 죽음을 맞이하는 노인, 폭염과 주거 불평등을 동시에 겪고 있는 쪽방촌 주민, 폭우가 내릴 때마다 잠기는 반지하주택을 떠나고 싶지만 떠나지 못하는 사람들, 기후변화로 사라져 가는 소나무와 구상나무, 기후변화가 키운 대형산불의 희생양이 된 재난 이재민들의 이야기다.

  이들의 공통점은 지구 온도를 상승시키는 온실가스 배출에 거의 책임이 없다는 점이다. 책임이 작은데도 피해를 더 많이 겪는다는 점에서 부정의하고 불평등하다. 이 책은 선진국과 개발도상국, 최빈국 사이의 국가 간 기후불평등, 세대 간 기후불평등, 국가 내 소득불평등과 기후불평등 격차 심화 문제를 다룬다. 그리고 기후 불평등한 세상을 바꾸기 위해 노력하고 있는 기후시민들의 이야기에 귀 기울인다. 기후난민에서 기후시민으로 마무리하는 이야기를 시작한다.

차례

프롤로그

1 바다는 넘치고 잠기고 메말랐다

더 빠르게 뜨거워지는 곳	016
바다 열대림이 하얗게 죽는 이유	021
기후 조절자에서 따뜻한 탄산수로	025
산호들의 마지막 피난처	028

2 그들만의 문제가 아니다

지금도 바닷물이 밀려들고 있다	034
국토 없는 국가로, 투발루	037
존엄한 이주와 키리바시	043
몰디브가 인공섬을 짓는 이유	046
재난 위험이 적은 곳으로	049
해운대가 사라지는 날	052

3 우리는 아니라고 믿는 순간

테이티오타의 투쟁이 남긴 것	058
그들을 바라보는 시선	065
기후난민을 둘러싼 논의들	069

4. 일상이지만 일상적이지 않은

폭염이 계속된다면	076
보이지 않는 죽음	080
숫자가 말하지 않은 것	082

5. 폭염은 결코 평등하지 않다

살기 힘들수록 더 위험한	088
무더위를 피할 수만 있다면	092
선풍기 놓을 공간도 없는	096

6. 우리가 알던 장마가 아니다

이 비의 이름은 장마가 아니라	102
집중호우에서 극한 호우로	105
장마가 길어지는 이유	108

7 잠기지 않는 집은 어디인가

그곳에는 여전히 사람이 산다	114
떠나고 싶지만 떠나지 못한 채	120
재난에 생명권마저 위협받는	124

8 그 나무들은 어디로 갔을까

남산 위의 저 소나무	132
이 땅에 너른 뿌리를 내리고	140
산불은 그것 때문이라는 말	144
소나무를 위한 변론	148

9 우리 곁에서 멀어지는 이름들

병들고 말라 죽고 밀려나고	154
600년 대왕소나무의 빈자리	159
우리가 잊고 외면하는 동안	162

10 대형산불은 자연재난이 아니다

기후변화가 키운 산불	168
전 세계가 불타고 있다	175
지나간 뒤에 남은 재난	179

11 누구나 같지 않은 기후위기

무너지는 마지노선	186
왜 그들의 문제를 우리가 감당하는가	191
해결하기에는 너무나 부족한	203
기후악당이라는 오명	207
기후 불평등 격차가 커지고 있다	214

12 기후시민이 세상을 바꾼다

기후 소송을 제기합니다	222
앞선 기후시민, 뒤처진 기후 정치	230
그래야 하고 그럴 수 있기를	237

에필로그
주석
참고문헌

바다는 넘치고 잠기고 메말랐다

더 빠르게 뜨거워지는 곳

 2024년은 가장 뜨거운 해로 기록되었다. 세계기상기구(WMO)가 2025년 3월 공개한 글로벌 기후 현황 보고서에 따르면[1], 2024년 지구 평균기온은 산업화 이전(1850~1900년)보다 약 1.55도 상승했다. 175년 관측 이래 가장 높은 수치다. 지구 평균기온이 산업화 이전 대비 1.5도 이상 오른 것은 2024년이 처음이다. 국제사회는 2015년 파리기후변화협약 당사국 총회에서 산업화 이전보다 지구 평균기온 상승 폭을 2도 밑으로 유지하며 1.5도 이하로 제한하기 위해 노력한다는 목표를 세웠다. 그런데 9년 만에 '상승 폭 1.5도'라는 제한선이 깨진 셈이다.

 세계기상기구는 이런 추세가 극심한 기후 재난의 위험 신호라고 경고하면서도 제한선이 일시적으로 깨졌다고 인류의 목표 달성이 물거품이 된 것은 아니라고 강조한다. 파리기후변화협약에서 세운 목표는 장기적인 추세를 염두에 둔 만큼 한 해만 보고 목표를

잃었다고 봐서는 안 된다는 것이다.[2]

지구온난화를 보여주는 주요 지표들도 신기록을 갈아치웠다. 대기 중 온실가스 농도는 최소 80만 년 중 가장 높았다. 2023년 기준 대기 중 이산화탄소 농도는 420.0ppm으로 1750년보다 151%나 증가했다. 메탄과 아산화질소 농도 역시 가장 높은 수준이었다. 대기와 육지뿐 아니라 바다도 빠르게 뜨거워지고 있다. 2024년 전 세계 해양 열 함량은 65년 관측 기록 중 가장 높은 수준에 도달했다. 기후변화의 핵심 지표인 해양 열 함량은 지난 8년 동안 매년 신기록을 세우고 있다. 2005년부터 2024년까지 지난 20년간 해양 온난화 속도는 1960~2005년 대비 2배 이상 빨라졌다.[3]

지구온난화로 과잉된 열은 대지(5%)와 대기(1%), 빙권[4](4%)에도 흡수되지만, 대부분(약 90%)은 바다에 축적된다. 해양은 크기가 방대하고 열용량이 크기 때문에 방대한 에너지를 저장할 수 있다. 같은 온도가 상승할 때 대기보다 1천 배 이상 많은 에너지를 저장할 수 있다. 이런 이유로 해양은 대기와 대륙에 비해 많은 열을 흡수하더라도 온도가 잘 변하지 않는다. 따라서 수온 상승도 서서히 나타나지만, 수온이 오르고 난 후에는 쉽게 내려가지도 않는다.

그런데 2020년 한 해 동안에만 약 20제타줄(ZJ)[5]에 해당하는 열을 흡수했다. 이는 원자폭탄이 1초에 약 4개씩, 1시간에 14,400개씩 1년 내내 폭발하는 것과 같은 수준의 열이다.[6] 이처럼 수십 년째 엄청난 열에너지를 흡수하다 보니 해양의 열 함량이 급증하고 수온도 빠르게 상승한 것이다. 그만큼 기후변화가 심각한 상황이며 지구가 에너지 균형을 잃고 있다는 것을 의미한다.

지구 해양 온도의 상승은 이제 되돌릴 수 없으며, 기후변화에 관한 정부간 협의체(IPCC)의 저탄소 시나리오에서도 해양 온난화는 계속될 것으로 예상된다.[7] 지난 20년(2011~2020년) 동안 지구 평균 해양 표층[8] 온도는 1850~1900년 대비 0.88도 상승했다. 전체 온도 상승분의 3분의 2 이상은 1980년 이후에 발생했다. 또한 이번 세기 말(2081~2100년) 해수면 온도는 1995~2014년 평균 대비 최소 0.86도에서 최대 2.89도까지 상승하는 것으로 예측되었다.

문제는 해양 온난화가 해수의 수온이 오르는 문제를 넘어 기후재난의 근본 원인이라는 점이다. 해양 온난화는 해양생태계를 파괴하고 생물다양성을 훼손하며 해양의 탄소 흡수원 기능을 감소시킨다. 또한 열대·아열대 폭풍을 일으키고 극지방의 해빙과 육지의 빙하를 녹이면서 해수면 상승의 원인이 되고 있다.

한국 해역의 수온은 지구 평균보다 2배 이상 상승했다. 국립수산과학원의 조사에 따르면[9], 지난 57년 동안(1968~2024년) 한반도 해역의 표층 수온은 1.58도 상승해서 같은 기간 전 지구 표층 수온 상승(0.74도)보다 2배 이상 빠르게 증가했다. 해역별로는 동해 2.04도, 서해 1.44도, 남해 1.27도 등 동해의 상승 폭이 컸다. 적도 해역으로부터 동해로 열을 수송하는 대마난류 세력이 강화한 것이 주요인으로 분석된다.

이로 인한 생태계 악화와 수산업 피해도 커지고 있다. 최근 14년간(2011~2024년) 고수온, 저수온, 적조, 이상조류 등 다양한 자연재해가 발생했는데, 이 중에서 가장 큰 피해를 일으킨 자연재해는 고수온으로 해당 기간 전체 피해액 4,763억 원 가운데 73%인 3,472억 원을 차지했다. 2024년에는 9월 하순까지 이어진 폭염으로 고수온 현상이 계속 이어지면서 1,430억 원에 달하는 양식업 피해가 발생해 최근 10년간 최대치를 기록했다. 특히 굴, 피조개, 새꼬막, 멍게 등 양식생물에서 다량의 피해가 발생했다. 연근해 어업생산량은 1980년대 151만 톤에서 지속적으로 감소해 2024년에는 84만 톤까지 떨어졌다. 난류성 어종인 방어류, 전갱이류, 삼치류는 어획량이 증가했지만, 살오징어와 명태는 급감해 대표 어종 구성에 변화가 뚜렷해지고 있다.

21세기 말(2091~2100년) 한국 해역의 해수면 온도는 저탄소 시나리오에서는 최근 10년 대비 평균 1.60도 상승, 고탄소 시나리오에서는 4.28도 상승할 것으로 전망되었다.[10] 특히 서해와 동해 중부 해역에서는 해수면 온도가 약 4.5도 상승해서 전체 평균인 4.28도보다 0.2도 이상 높게 나타났다.

해양열파[11]는 21세기 말 발생 일수와 발생 강도 모두 최근 10년에 비해 증가하고, 고탄소 시나리오에서는 변화폭이 매우 큰 것으로 전망되었다. 고탄소 시나리오에서 발생 일수는 295.5일, 발생 강도는 2.54도 증가했고, 저탄소 시나리오보다 각각 100일, 2도 이상 더 증가해서 1년 중 대부분이 높은 강도의 해양열파에 노출되는 것으로 나타났다. 해양열파의 발생 일수와 발생 강도가 증가하면 향후 한반도 주변 해양에서 해양생태계 파괴 등 해양기후변화로 인한 영향이 심화되고, 폭염 등 극한 기상 발생이 증가할 것으로 예측된다.

바다 열대림이 하얗게 죽는 이유

 산호는 바닷속 한자리에 고착해서 살아가기에 식물로 오해받지만 자포동물이다. 먹이가 촉수에 닿으면 독침을 발사해 마비시키는 방식으로 먹이 활동을 한다. 플랑크톤과 갑각류, 새우 등을 먹고, 입과 위장이 있으며 알도 낳는다. 산호는 산호충이라고 부르는 아주 작은 동물들이 모여 하나의 존재처럼 살아가는 군체이고 미세조류의 하나인 황록공생조류와 공생관계를 이루며 산다. 공생조류는 산호충의 보호를 받으며 안전하게 지내고, 그 대가로 광합성 활동으로 얻은 당분, 녹말, 기타 유기물을 산호에 제공한다. 산호는 필요한 영양소의 90% 정도를 공생조류에게서 얻는다. 공생조류는 산호의 생존에 꼭 필요한 존재다.

 산호초는 산호가 '생광물화' 과정을 거쳐 오랜 기간 만들어낸 광물질이 퇴적되어 형성된 바닷속 지형이다. 세계에서 가장 큰 산호초 지대(약 35만km^2)인 그레이트배리어리프의 경우 산호 400여

종, 어류 1,500여 종, 연체동물 4,000여 종 등이 서식할 정도로 생물종 다양성이 높다. 거대한 규모와 다양한 생태계 덕분에 그레이트배리어리프는 1981년 유네스코 세계 유산에 등재되었다. 국토 대부분이 산호초로 이루어진 국가도 있다. 태평양에 위치한 키리바시, 나우루, 투발루, 미크로네시아연방, 마셜제도 등이 대표적이다.

아마존과 보르네오섬 등에 분포하는 열대림은 대기 중 이산화탄소를 흡수하고 산소를 배출하는 허파이자 다양한 동식물이 살아가는 생물종 다양성의 보고다. 바닷속에서는 산호초가 그 역할을 한다. 산호의 공생조류가 광합성으로 이산화탄소를 흡수하고 산소를 배출할 뿐 아니라 광합성 과정에서 흡수된 탄소화합물은 산호가 산호초를 만드는 재료가 되어 대기 중 탄소를 바다에 저장할 수 있게 한다. 산호초 생태계는 전 세계 바다 표면 면적의 0.1%밖에 되지 않지만, 해양 어종의 3분의 1 정도가 서식하는 수많은 해양생물의 터전이자 바다의 열대림이라 할 수 있다.[12]

그런데 기후변화로 해수 온도가 높아지면서 전 세계 산호초 지대의 절반 이상에서 대규모 백화현상이 진행되고 있다. 산호 백화현상이란 해수 온도가 상승해 산호 내부에 서식하던 공생조류가 죽거나 외부로 빠져나가면서 산호가 알록달록한 색을 잃고 하얗게 변하는 것을 말한다. 수온 상승은 산호에 치명적인 영향을 끼친다. 수온이 높아지면 열 스트레스를 받은 공생조류가 스스로 보호하기 위해 독성물질을 생산하고 산호는 공생조류를 밀쳐낸다.

다양한 색소를 가지고 있어 산호가 아름다운 색깔을 띠게 하던 공생조류가 떨어져 나가면서 산호는 고유한 색상을 잃고 하얗게 변한다.

백화현상이 일어난다고 해서 산호가 곧바로 죽는 것은 아니다. 하지만 공생조류가 주는 영양소를 받지 못한 산호는 점점 굶어 죽는다. 백화현상은 산호가 마지막으로 보내는 조난신호와 같다. 수온이 정상화되면 산호도 회복할 수 있다. 하지만 높은 수온이 계속 이어지면 공생조류가 산호에게 다시 돌아오지 않아 산호는 결국 폐사한다. 이는 해양생물의 주요 서식지가 파괴되는 결과로 이어진다.

지난 30년간 '전 지구적 백화현상'이 네 번이나 발생했다. 미국 국립해양대기청과 국제 산호초 이니셔티브의 기준에 따라 백화현상이 전 지구적 현상으로 간주되려면 1년 이내 대서양, 태평양, 인도양에서 모두 산호 백화가 관측되어야 하며 각 지역에 있는 산호초의 12% 이상이 백화를 유발하는 해수 온도에 노출되어야 한다.[13] 이보다 큰 문제는 상황이 점차 심각해지고 있다는 것이다. 전 지구적 백화현상이 처음 관측된 1998년에는 전 세계 산호초 지대의 20%에서 이 현상이 나타났으며, 그 면적이 2010년에는 35%로, 2014~2017년에는 56%로 증가했다.

그리고 전 세계 바다에서 네 번째 백화현상이 본격화한 2023년 1월부터 2025년 3월까지 전체 산호초 84%가 백화 수준의 열 스트레스를 받았다.[14] 산호는 적정 온도 범위에서만 건강하게 살 수 있는데 평소보다 1~2도만 높아져도 백화가 일어날 가능성이 커진다. 해수 온도가 4주 이상 높게 유지되면 일부 산호가 백화될 수 있고, 8주 이상 이어지면 대규모 백화가 발생할 위험이 크다. 과거에는 드물게 나타나던 산호초 백화가 최근에는 주기적으로 반복되면서 피해 규모가 더욱 커지고 있다.

산호초 백화현상은 특정 지역에 국한되지 않고, 전 세계 주요 산호초 지대에서 광범위하게 발생하는 추세다.[15] 그레이트배리어리프에서는 2016년 기록적인 해수 온도 상승과 강한 엘니뇨현상이 겹치면서 조사된 산호초의 93%에서 백화현상이 관찰되었다. 특히 북쪽 지역의 산호들은 60~100%가 심각한 백화를 겪었으며, 일부 지역에서는 산호의 절반 이상이 폐사했다.

이후 2017년, 2020년, 2022년에도 대규모 백화가 발생했다. 인도양에 있는 몰디브는 1998년 강력한 엘니뇨 당시 얕은 바다 산호의 90% 이상이 백화로 폐사했다. 2015~2016년에는 엘니뇨로 다시 한번 대규모 백화가 발생하면서 몰디브 전역 산호의 약 70%가 백화했다. 하와이도 예외는 아니다. 2014년과 2015년, 하와이에서는 처음으로 연이은 대규모 백화가 발생했다. 특히 오아후섬의 카네오헤만에서는 바다 수온이 크게 상승하면서 주요 산호의 80%가 백화했고 이후 2019년에도 또 한 차례 백화현상이 보고되었다. IPCC는 지구 평균기온이 1.5도 상승하면 산호가 70~90% 소멸하고, 2.0도 이상 상승하면 99% 이상 소멸할 것으로 예측했다. 바다의 열대림이 하얗게 죽고 있다.

기후 조절자에서 따뜻한 탄산수로

바다는 인류가 대기로 배출한 이산화탄소 중 20~30% 정도를 흡수하면서 '기후 조절자' 역할을 해왔다.[16] 만약 해양이 거대한 탄소 흡수원 역할을 하지 않았다면 대기 중 이산화탄소 농도가 지금보다 훨씬 더 높은 수준에 도달해 이미 돌이킬 수 없는 기후위기를 겪고 있을지도 모른다.

그런데 문제는 대기 중 이산화탄소가 계속 쌓이고 바다가 탄소를 흡수하면서 이제는 해양의 탄소 흡수 능력이 점점 떨어지고 있다는 것이다. 모든 시나리오에서 해양은 대기로 배출된 이산화탄소를 지속적으로 흡수할 것으로 전망된다. 하지만 이산화탄소 배출량이 계속 늘어날수록 바다에 흡수되는 이산화탄소의 비율은 감소하는 것으로 예상된다. 배출된 이산화탄소의 상당량이 바다에 흡수되지 못하고 대기에 남으면서 기후위기가 더욱 심각해진다는 의미다.

해양에 흡수된 이산화탄소도 문제를 일으킨다. 흡수되는 이산화탄소의 양이 너무 많아지면서 바다가 빠르게 산성화되기 시작했다. 대기 중 이산화탄소는 해양에 흡수되면 물과 만나 탄산을 만든다. 탄산은 다시 중탄산염와 수소 이온으로 분해되는데, 이때 나오는 수소 이온이 해수의 산성도를 높인다. 이처럼 해양에 흡수된 이산화탄소는 해수와 반응해 탄산을 발생시키며 해수의 수소 이온지수(pH)[17]를 낮추는 해양 산성화로 이어지면서 해양생태계에 부정적인 영향을 끼친다. 현재 전 세계 평균 해수 pH는 8.0이 조금 넘는 수준으로 약알칼리성이지만 1980년대 이후에는 10년마다 0.017~0.027씩 감소하면서 산성화하고 있다.[18]

한국 역시 예외가 아니다. 국립수산과학원이 지난 2015년부터 8년간 진행한 해수 채집 분석 결과에 따르면, 동해와 서해, 남해 모두 전 세계 대양과 비슷한 수준으로 해양 산성화가 진행되고 있다. 우리나라 해역 표층수의 pH는 매 10년 단위로 0.019 정도 감소했다. IPCC에서 발표한 전 지구 대양 표층의 해양 산성화 경향 및 일본 기상청에 의한 일본 연근해의 해양 산성화 경향(매 10년 단위 0.016~0.023 감소)과 큰 차이가 없었다.

해양 산성화는 바다 생태계에 직접적인 영향을 끼친다. 산호를 비롯해 플랑크톤, 조개류, 굴, 전복, 소라, 게, 새우 등이 대표적으로 피해에 직접적으로 노출되는 해양생물들이다. 패류와 갑각류의 껍질과 골격은 탄산칼슘으로 이루어져 있는데, 바다의 산성도가 강해지면 이들이 껍질과 골격을 만드는 데 필요한 탄산이온이 부족해진다.

 pH 수치가 0.1만 떨어져도 바닷속 탄산이온의 농도는 약 20%가 감소하는데, 이는 탄산칼슘 골격을 가진 바다 생물의 생존이 그만큼 어려워진다는 것을 의미한다.[19] 바다가 탄산수가 되면 탄산칼륨으로 이루어진 패류와 갑각류의 껍질과 골격에서 칼슘이 빠져나가 모두 녹아버릴 수 있기 때문이다. 인간에 비유하면 골다공증에 걸리는 셈이다.[20] 다양한 해양생물의 안식처가 되는 산호 생태계가 백화현상으로 인해 사라지고 있는 이유도 해양 산성화와 관련되어 있다. 해수의 pH가 낮아지면 산호는 골격이 제대로 형성되지 않아 쉽게 부서지거나 죽기 때문이다.

 해양 산성화와 온난화의 결합은 특히 산호 생태계에 치명적이다. 여러 산호초가 모여 바닷속 숲을 형성하는 산호 군락은 다양한 바다 생물의 보금자리 역할을 한다. 살아 있는 산호뿐만 아니라 골격만 남은 죽은 산호도 해양생태계를 지탱하는 중요한 자원 중 하나다. 탄산칼슘으로 이루어진 뼈대가 군락 일부를 이루고 새로운 산호가 자랄 수 있는 단단한 기반이 되기 때문이다. 하지만 해수 온도가 상승해 정상적인 산호가 파괴되고 해양 산성화로 다시 골다공증에 걸리는 악순환이 벌어지고 있다. 2100년에는 이 수치가 7.6까지 떨어질 수 있다는 전망도 나온다.[21] 따뜻한 탄산수가 되어버린 바다에서는 산호 군락이 사라지고, 조개와 굴 등 각종 어패류도 살아남기 힘들다.

산호들의 마지막 피난처

 산호는 전 세계에 7,500종이 확인되는데, 그중에서도 솔로몬제도와 필리핀, 말레이시아를 포함한 '산호 삼각지대'는 세계적인 산호 군락지다. 바다의 열대우림이라고도 불리는 이곳은 전 세계 산호의 76% 이상이 서식하며 3천 종 이상의 어류가 산호초 사이에 깃들어 살고 있다. 그중에서도 제주 바다는 수심과 계절에 따라 극명하게 변하는 해류의 영향으로 따뜻한 바다에 사는 경산호부터 차가운 바다에 사는 연산호까지 다양한 종류의 산호가 균형을 이루며 서식하는 독특한 생태계를 간직하고 있다.[22]

 산호는 외관과 성장 특성 등을 기준으로 크게 경산호과 연산호로 구분한다. 경산호는 뼈대와 같은 탄산칼슘 골격이 있어 단단하고, 연산호는 겉면이 부드럽고 유연한 줄기 구조를 지닌다. 앞서 살펴본 산호초와 백화현상은 주로 열대 바다에 서식하는 경산호와 관련되어 있다.

우리나라에는 산호가 170여 종이 확인되는데, 그중 120여 종이 제주 바다에 서식하며 다양하고 화려한 연산호가 모여 있어 보호 가치가 높다. 제주는 화산섬이라 평평하거나 굴곡진 암반 지형이 발달했고, 연중 따듯한 수온을 유지하고 있어 산호가 살기 좋은 환경이다. 산호는 제주 바다 곳곳에서 살지만, 주로 남쪽 바다에 큰 군락을 이룬다.[23] 특히 송악산 및 서귀포 해역은 세계적으로 희귀한 연산호 군락의 자연 상태를 잘 보여주는 곳으로 학술 가치가 매우 높다. 산호 군락은 그 자체로 아름다운 수중 경관의 가치가 있으며, 작은 해양생물에게 은신처이자 서식지 역할을 한다. 다양한 생명이 공생하고 경쟁하는 해양생태계가 산호로부터 시작되는 셈이다.

정부는 2000년대 초부터 제주 연산호 서식지를 보호하기 위해 서귀포 바다 곳곳을 보호구역으로 지정하기 시작했다. 섶섬, 문섬, 범섬 등 서귀포 해역(약 68㎢)과 화순항, 형제섬, 대정읍 등 송악산 해역(약 22㎢)은 문화재보호법에 따라 해양생물 군락지로는 우리나라 최초로 천연기념물 제442호 '제주 연안 연산호 군락'으로 지정되었다. 제주 바다에서 볼 수 있는 소나무처럼 생긴 모습의 해송과 긴가지해송은 천연기념물 제456호, 제457호로 지정되었고, 환경부 지정 멸종위기 야생생물에는 검붉은수지맨드라미, 자색수지맨드라미, 흰수지맨드라미, 연수지맨드라미, 밤수지맨드라미 등 연산호 5종이 포함되어 있다.[24]

2024년 여름 우리나라 해역 수온이 끓어올랐다. 해양수산부는

7월 24일 우리나라 일부 바다에 고수온 주의보[25]를 발령했고, 10월 2일에서야 모든 해역의 주의보를 해제했다. 무려 71일 동안 이어진 고수온 특보는 2017년 고수온 특보 발령제를 실시한 이래 최장 기간을 기록했다. 제주도는 충남(천수만), 전남(득량만, 여자만, 가막만)과 함께 71일 전체 기간 특보가 발령된 몇 안 되는 지역 중 하나였다. 특히 제주도(추자도 포함)는 71일 중 61일간(7월 31일부터 9월 29일까지) 고수온 경보[26]가 이어졌다.

특히 제주 서귀포 해역은 2024년 7월부터 9월까지 지금껏 유례없는 이상 고수온 현상을 기록했다. 서귀포 중문의 예년 8월 평균 수온은 대략 24도 수준이었다. 그런데 2021년 25.9도, 2022년 26.6도, 2023년 28.0도, 2024년 30.0도로 불과 3년 만에 8월 평균 수온이 무려 4.1도가 올랐다. 2024년 8~9월 일평균 수온이 30도를 넘어선 날은 26일이나 되고, 8월 7일에는 일 최곳값이 32.5도를 기록했다. 바다의 폭염(해양 열파) 현상이 제주 바다를 덮친 것이다. 해양생물에게는 이런 고수온이 장기간 유지되는 것이 큰 위협 요인이다. 극한 상황이라 할지라도 기간이 짧다면 이상 현상을 잠깐 보인 후 회복될 가능성이 있지만, 스트레스 상황이 길어질수록 유전자 변형이나 집단 폐사의 가능성이 커지기 때문이다.[27]

2024년 여름 고수온 현상이 지속한 제주 바닷속에서 연산호가 대량으로 폐사한 것으로 확인되었다.[28] 특히 서귀포 범섬과 문섬, 섶섬과 송악산 해역에서 주로 서식 중인 분홍바다맨드라미와 큰

수지맨드라미·밤수지맨드라미·자색수지맨드라미·검붉은수지맨드라미·가시수지맨드라미 등 연산호류가 녹아내린 것으로 나타났다. 연산호 군체가 축 처지거나 부서져 내리는 녹아내림 현상이 뚜렷했다. 수심이 10m가 안 되는 해수면 가까운 곳의 피해가 심한 것으로 파악되었다. 열대 지역 경산호류에서 발생하는 산호 백화현상도 잇따라 목격되었다. 해조류 이상 현상도 발견되었다. 서귀포 문섬 바닷속에서는 대규모 감태 군락이 석회관갯지렁이에 뒤덮여 성장에 영향을 받는 현상이 발견되었고, 방황혹산호말 등 산호말류의 백화현상도 곳곳에서 나타났다.

제주 산호의 폐사 원인으로는 제주 바다 수온의 상승이 꼽힌다. 여기에 2024년 중국 남부 지역에 집중호우가 이어지며 양쯔강이 범람하면서 생긴 저염분수가 유입된 점도 제주 해양생태계 변화에 악영향을 준 것으로 분석된다.

온대 바다인 제주 바다는 산호 백화현상을 피해 북상한 아열대와 열대 바다 산호들의 마지막 피난처 역할을 하고 있다. 영지버섯 모양으로 암반 지대에 편평하게 자라는 빛단풍돌산호와 암반에 페인트를 뿌려 놓은 듯 울퉁불퉁 자라나는 그물코돌산호가 아열대화 되어 가는 제주 바다에서 새로 터를 잡으며 서식지와 개체수를 늘리고 있었다. 아열대 지표종인 그물코돌산호는 연간 4㎝ 이상 자라며, 빠른 속도로 제주 바다에 정착하고 있었다.[29] 하지만 기후변화, 난개발, 해양매립, 오염물질 유입 등으로 제주 바다가 급격히 바뀌면서 법정 보호종으로 지정된 연산호들이 위협받고 있다.[30] 새롭게 이주해 정착하고 있던 경산호들도 피난처로 삼은 제주 바다마저 고수온이 계속되면서 광범위한 산호 백화현상이 확인되고 있다.[31]

제주 바다는 한반도에서 가장 풍부한 생물다양성을 간직한 태평양 산호들의 마지막 피난처이자 최후의 보루다.

그들만의
문제가 아니다

지금도 바닷물이 밀려들고 있다

 전 세계 평균 해수면은 1901~1971년 사이에 연간 1.3㎜씩 상승했다. 1971~2006년에는 매년 평균 1.9㎜ 높아지더니 2006년과 2018년 동안의 변화는 더 증가해 연간 3.7㎜에 달했다.[1] 2024년 전 세계 평균 해수면 고도는 1993년 위성 관측 이후 가장 높았다. 지난 10년(2015~2024년) 사이 해수면 고도는 연간 4.7㎜씩 높아져 1993~2002년(2.1㎜)보다 2배 이상 빠른 상승 속도를 보였다.[2] 해수면 상승은 해안 지역 및 지역사회에 광범위한 악영향을 끼친다. 이산화탄소가 해양에 흡수되면서 해양생태계에 악영향을 미치는 해양 산성화도 계속되고 있다.

 빙하가 녹는 속도도 가팔랐다. 2022~2024년 사이 빙하 질량이 가장 많이 감소했고 1950년 이후 빙하가 가장 많이 줄었던 기록 10건 중 7건은 2016년 이후에 발생했다. 2024년 남극과 북극 지역의 해빙 면적은 1991~2020년 평균보다 작았다. 2024년 남극의 일일 최소 해빙 면적은 199만㎢로 46년간 위성 관측 이래 두 번째로 작았고, 북극의 일일 최소 해빙 면적은 428만㎢로 일곱 번째로 작았다.

지구 온도 상승을 제한하더라도 수십 년 이상의 긴 시간 규모로 반응하는 기후시스템 구성 요소의 지속적인 변화를 막을 수는 없다. 해수면 상승은 지속적인 심해 온난화와 빙상 용해로 인해 수백 년에서 수천 년 동안 계속될 것으로 예측된다. IPCC에 따르면, 그러나 온실가스 배출을 신속하게 지속적으로 줄이면 해수면 상승이 가속화하고 해수면이 최대치로 높아지지 않게 제한할 수 있다.[3] 그럼에도 불구하고 1995~2014년과 비교해 전 세계 해수면은 지구 온도 상승을 1.5도로 제한하는 시나리오의 경우 2050년까지 0.15~0.24m, 2100년까지 0.28~0.55m, 지구 온도가 4도 이상으로 상승하는 시나리오에서는 2050년까지 0.20~0.29m, 2100년까지 0.63~1.01m 상승할 것으로 전망된다.

빙상 과정과 관련된 높은 불확실성으로 인해 전 세계 평균 해수면이 매우 높은 시나리오에서는 2100년까지 2m, 2300년까지 15m를 초과할 가능성도 배제할 수 없다. 향후 2000년간 지구 평균 해수면은 지구 온도 상승을 1.5도로 제한하더라도 약 2~3m, 2도로 제한하면 2~6m까지 상승할 것으로 전망된다.

기후변화의 영향으로 한국 연안 해수면 높이도 빠르게 상승하고 있다. 국립해양조사원이 산정해 발표한 결과를 보면[4], 국내 연안의 평균 해수면은 지난 35년간(1989~2023년) 10.7㎝ 상승했다.

해수면 높이는 최근 10년간(2014~2023년) 약 3.9㎝(연 3.88㎜) 상승해 과거 10년(2004~2013년) 동안 약 2.8㎝(연 2.79㎜) 상승한 것보다 빠르게 높아지고 있다. 해역별 평균 해수면 상승 속도는 울릉도를 포함한 동해안이 연 3.46㎜로 가장 높았고, 서해안이 연 3.20㎜, 남해안이 연 2.74㎜ 순으로 나타났다. 관측 지점별로는 울릉도가 연 5.11㎜로 가장 높았으며 포항, 군산, 보령, 속초 순으로 높았다. 앞으로 기후변화가 심각해질수록 국내 해역의 평균 해수면도 빠르게 상승할 것으로 전망된다.

국립해양조사원이 IPCC 제6차 보고서의 기후변화 시나리오를 적용해 분석한 결과[5], 고탄소 시나리오에서 국내 주변 해역의 해수면 높이는 2050년까지 25㎝, 2100년에 82㎝까지 상승할 것으로 전망되었다. 저탄소 시나리오에서도 2050년까지 20㎝, 2100년에는 47㎝까지 상승하는 것으로 분석되었다.

국토 없는 국가로, 투발루

해수면 상승은 해안 지역에 사는 사람들의 삶에 커다란 영향을 미친다. 바닷물이 저지대 습지와 마른 땅에 범람하고, 해안선을 침식하고, 해안 홍수도 일으킨다. 강 하구와 인근 지하수층으로 소금기 짙은 바닷물이 흘러 들어가기도 한다. 또 해수면이 높아지면 해안 기반시설이 폭풍 피해에 더욱 취약해진다. 당장 해수면 상승으로 큰 피해를 겪는 나라들이 있다. 해발고도가 1m 안팎의 섬들로 이루어진 몰디브, 해발고도 2~4.5m 정도의 섬들로 이루어진 투발루와 키리바시, 방글라데시, 인도네시아 등은 지금도 해수면 상승으로 큰 피해를 겪고 있는 나라들이다.[6]

이들 나라 중 태평양 한가운데에 있는 투발루는 작은 섬 9개로 이루어진 산호초 군도 국가다. 총면적은 26만㎢로 서울의 웬만한 자치구 정도 크기로 세계에서 네 번째로 작고, 인구는 2023년 기준 9,816명으로 세계에서 두 번째로 적은 나라다. 1978년에 독립

국가가 되었고, 2000년에 189번째로 국제연합(UN)에 가입했다. 투발루의 국토 대부분은 해발 2m(최대 4.5m) 미만의 저지대로 이루어져 있어 해수면 상승으로 인한 침수 피해에 매우 취약하다. 대부분 사람이 모여 사는 수도 푸나푸티섬의 대부분 지역은 해발 고도가 1m도 되지 않는다.[7]

투발루는 지난 30년 동안 해수면 수위가 15㎝ 높아졌다. 상승 속도는 날이 갈수록 빨라져 1993년 이후에는 연간 5㎜의 속도로 해수면이 상승하고 있다. 이 속도는 앞으로 더 빨라져 2050년에는 2005년 대비 20~30㎝가 상승하는 것으로 전망된다. 2100년에는 0.5~1m 상승하고 최악의 경우 해수면 높이가 2m에 육박할 것으로 예상된다.[8] 해수면 상승은 홍수를 더 많이 심각하게 증가시켜 세기말까지 매년 100일 이상 홍수가 날 것으로 예측된다.

투발루의 전 국토가 언제쯤 완전히 바다에 잠길지는 알 수 없다. 분명한 것은 40년 뒤에는 바닷물이 토양에 침투하면서 식수가 사라지고 농작물도 자랄 수 없어 인간이 살 수 없게 된다는 것이다. 그리고 이미 주거지가 침식되고 토양에 염분이 많아지고 담수가 부족해져 농사를 짓기 어려워졌다. 기후변화로 산호초가 죽으면서 어류가 사라져 어업 활동도 쉽지 않아졌다.[9] 채소와 과일을 먹지 못하고 수입한 통조림과 냉동식품 등 식사 대부분을 가공식품에 의존한 탓에 투발루 성인 절반 이상이 비만이라는 조사 결과도 있다.[10]

지난 2021년, 사이먼 코페 투발루 외무장관은 무릎까지 물이 차

오른 바다에서 제26차 유엔기후변화협약 당사국총회 연설을 진행했다. 한때는 육지였다가 바다로 변한 수중에서 한 이 연설은 전 세계에 기후변화의 심각성을 다시 상기시키는 계기가 되었다.

투발루 정부는 국제사회에 기후변화의 심각성을 알리고 선진국의 책임 있는 온실가스 감축을 촉구하는 한편, 단기적인 대책으로 땅을 새로 만드는 시도를 진행하고 있다. 유엔개발계획(UNDP) 주관하에 진행 중인 투발루 해안 정비 프로젝트(TCAP)는 해안선을 정비해서 땅의 높이를 높이고 면적을 넓히는 작업이다.

일종의 간척사업으로, 투발루 내에 있는 석호 안쪽에서 준설선이 모래를 퍼내 해안가를 매립하고 있다. 사업 예산은 3,800만 달러로 7년의 기간을 두고 시행될 예정인데, 2022년 11월에 본격적인 작업이 시작되었다. 길이가 약 750m, 너비가 100m인 곳의 면적이 프로젝트를 통해 3㎢가 되는데, 이는 모든 투발루 사람이 바다 위에 있을 수 있는 충분한 면적이라고 한다.[11] 간척사업으로 국토가 사라지는 것을 막을 수는 있지만, 식량과 식수 확보 등은 또 다른 숙제다.

간척한 땅에서 농사를 짓고 작물을 수확할 수 있을지는 불확실하다. 투발루가 땅 자체가 좁기도 하지만 토양에도 염분이 너무 많기 때문이다. 또한 조수간만의 차이로 발생하는 파도인 3m 이상 높이의 킹 타이드(밀물과 썰물의 파고 차가 연중 가장 높아지는 현상)와 사이클론(강한 회오리바람을 동반하는 열대성 돌풍)의 피해를 피하기는 어려울 것이다.

투발루는 세계에서 가장 가난한 나라 중 하나다. 지형적인 조건 때문에 석유와 식량, 목재, 공산품 등 거의 모든 제품을 수입에 의존하고 있다. 수출도 하지만, 대부분은 자국의 배타적 경제수역의 어업면허권을 다른 나라에 파는 데에서 나온다. 이 수익이 2013년 기준으로 국내총생산(GDP)의 45% 이상을 차지했다. 외국에서 일하는 노동자들이 보내는 월급도 투발루를 지탱하는 데 필수적이다. 2023년 기준으로 개인 송금은 투발루 GDP의 5% 가까이 차지했다. 2012~2014년에는 8~10%에 이르기도 했다.[12] 투발루와 가까운 선진국인 뉴질랜드의 수도 오클랜드에는 투발루 이민자가 4,600명에 이른다. 투발루 전체 인구의 47%에 달하는 숫자다. 미등록 이주노동자 생활을 하는 사람까지 고려하면 실제로는 더 많을 것으로 예상된다.

뉴질랜드에 사는 투발루인들은 대부분 저임금 노동자. 미등록 체류자들은 취업 비자 증빙을 요구하지 않는 농장에서 딸기와 포도를 딴다. 취업 비자가 있거나 영주권이 있는 투발루인들은 빌딩 청소나 양로원 도우미를 한다. 법정 최저임금을 가까스로 면한 직업들이다.[13]

뉴질랜드는 미등록 체류자가 급증하자 남태평양 국가에 무비자 제도를 폐지하고 엄격한 조건에서 발급하는 방문 비자 제도를 도입했다. 대신 2002년 7월부터 태평양 이주 규정(PAC)을 시행했다. 이 규정은 피지, 사모아, 통가, 키리바시, 투발루 등 5개 섬나라에 매년 '취업 이민 쿼터'를 할당하는 것이다. 투발루에는 매년 75명이 할당된다. 하지만 조건은 까다롭다. 영어 능력이 우수한 18~45살의 젊은이로서 뉴질랜드 기업의 '취업 초청'이 있어야 하며, 일정 금액 이상을 벌어야 한다. 이 조건을 3년 동안 만족시켜야 영주권 신청 자격을 준다.

호주와 투발루 정부는 2023년 11월 '팔레필리' 조약을 체결했다. 팔레필리는 투발루어로 좋은 이웃, 배려, 상호 존중을 의미한다. 호주 정부는 투발루 해안 복원 프로젝트에 1,100만 달러를 지원하고, 매년 투발루 국민 280명에게 영주권을 부여하는 특별 비자를 제공하기로 했다. 40년 뒤이면 투발루의 모든 국민이 호주로 '기후 이주' 할 수 있게 된다.[14] 투발루는 모든 국토가 물에 잠기기 전에 이미 국토에 국민이 없는 '무인국'이 되는 셈이다.

외국 침략이나 자연재해가 발생하면 호주가 투발루를 방어하는 안보 협정도 체결했으며 두 나라가 제3국과 안보 또는 방위 협정을 체결하려면 반드시 협의하기로 했다. 이는 남태평양 지역에서 중국의 영향력 확장을 견제하기 위한 것으로 투발루는 대만과 공식 외교 관계를 맺고 있는 전 세계 13개국 중 하나다.[15] 이에 대해 석탄 최대 수출국이자 온실가스 다배출 국가인 호주가 화석연료 생산과 소비, 수출 감축에 대한 노력 없이 투발루에 '피난처'를 제공하면서 투발루의 주권 양도를 요구하고 있다는 비판이 제기된다.

투발루 정부는 지난 2022년 제27차 유엔기후변화협약 당사국총회에서 수십 년 안에 국토 전체가 수몰되는 최악의 시나리오에 대비해 메타버스에서만 존재하는 '디지털 국가'를 만들 계획을 밝힌 바 있다. 메타버스와 같은 디지털 공간에 투발루의 환경과 문화를 구현하고 소통 플랫폼을 만들어, 세계 각지에 흩어진 투발루인들이 정체성을 유지할 수 있도록 한다는 구상이다. 또 투발루인들은 이 디지털 공간에서 대표자를 뽑고, 영토가 사라져도 남아있을 수자원과 같은 공유자산을 관리할 수 있다는 것이다.[16] 이를 통해 투발루가 국가로서의 권리를 지키고 국제적인 공인을 받으면서 국가를 영구히 존속시키겠다는 생각이다.[17] 대체 영토를 확보하기보다 디지털 공간에서 국가를 만들겠다는 이런 계획은 기존의 국가와 국제 및 외교 관계에 새로운 체계를 요구하고 있다.

존엄한 이주와 키리바시

 키리바시의 경우는 어떨까? 태평양 적도 날짜변경선 부근에 있는 인구 13만2,500명(2023년 기준)의 키리바시는 국토 대부분이 평균 해발고도 2m의 작은 산호섬들로 이루어져 있어 해수면 상승에 특히 취약한 나라로 꼽힌다. 국토 면적은 부산(770㎢)보다 조금 큰 811㎢이지만 33개의 산호섬으로 널리 퍼져 있다. 날짜변경선에 가장 가까워 세계에서 가장 먼저 해가 뜨는 나라이기도 하다. 키리바시는 넓은 배타적 경제수역을 보유하고 있고 수산자원이 풍부해 전 세계 참치 어선들이 몰려드는 주요 어장이다. 키리바시는 우리의 일제강점기 슬픈 역사와도 연이 닿아 있다. 키리바시의 수도 타라와는 제2차 세계대전 격전지였던 곳으로 일본에 의해 강제 동원된 조선인 1천 명 이상이 이곳에서 희생된 것으로 알려졌다. 타라와에는 조선인 희생자들을 위한 추모비도 세워져 있다.[18]

해수면 상승으로 키리바시의 33개 중 2개 산호섬은 이미 수면 아래로 사라졌다. 해안 침식 때문에 마을들이 사라지고, 밀려드는 바닷물로 담수 지역이 오염되고, 농작물 생산에도 큰 차질을 빚고 있다. 폭풍 등 자연재해까지 겹치면서 상당수 섬의 마을에 바닷물이 들이닥치고, 코코넛 등 작물을 키울만한 환경도 사라졌다. 식수 부족 문제 해결이 가장 시급하다. 해수면 상승으로 유일한 식수원에 바닷물이 들어왔고, 수분 공급이 가능한 식물들도 대부분 죽었기 때문이다.[19]

키리바시 정부 기관과 인구가 밀집해 있는 수도 타라와섬도 다른 섬들과 마찬가지로 끊어진 기다란 끈 같은 모습이다. 북쪽 끝에서 남쪽 끝까지 총연장은 70㎞가량 되지만 너비는 평균 450m다. 바다에서 아무리 먼 곳이라도 200여 미터밖에 떨어져 있지 않아 바닷물이 계속 밀려들면 더는 피할 곳도 없다.[20] 낮은 고도 때문에 키리바시는 지구온난화의 첫 번째 희생자가 될 가능성이 크다. 지금과 같은 온실가스 배출 추이가 계속 이어지면 2100년 타라와섬 절반이 수몰된다. 현재 타라와섬에 거주하는 인구 7만 명 중 60% 이상이 생존할 수 없게 된다.[21]

키리바시 정부는 '존엄한 이주'라는 이름의 장기적인 국민 이주 프로그램을 추진했다. 존엄한 이주는 기후변화로 인해 이주하게 되는 국민을 기후난민으로 보지 않고, 교육과 직업 훈련을 통해 기술력 있는 시민으로 이주할 수 있게 돕는 정책이다. 2014년에는 약 2,000㎞ 떨어진 피지에 국민이 이주할 수 있는 약 24㎢

의 땅도 사들였다. 피지 정부는 키리바시 국민을 기꺼이 수용하겠다는 의사를 밝혔지만, 많은 사람이 다른 국가로 이주하는 것은 정치적으로나 현실적으로 쉽지 않은 문제였다.[22]

정권이 바뀌고 키리바시 정부는 2017년에 '키리바시 20년 비전'이라는 20년 장기 계획을 마련했다. 국가의 조업 면허 사업을 확대해 실업률을 낮추고 교육 기회를 확대하며, 빈곤율을 줄이는 것이 첫 목표다.[23] 국가의 주요 산업인 수산업과 관광업 발전을 통해 사회경제 발전을 추진하겠다는 것이다. 타라와섬 템와이쿠의 저지대를 간척해 고도를 2~5m 높이겠다는 포부도 밝혔다.[24] 하지만 대규모 인프라 건설 프로젝트에 중국이 자금을 댈 가능성이 제기되는 등 키리바시는 미국과 중국이 태평양 지역에서 패권 다툼을 하는 전략적 요충지로 부상했다. 문제는 미국과 중국은 해수면 상승으로 키리바시가 물에 잠기는 데 가장 책임이 큰 국가들이고, 해수면 상승을 늦추지 않으면 키리바시에는 미래가 없다는 점이다.

몰디브가 인공섬을 짓는 이유

 실제로 인공섬을 만들어 해수면 상승에 대비하는 국가도 있다. 인도 남쪽 인도양에 위치하며 세계적인 휴양지로 유명한 섬나라 몰디브가 그곳이다. 인도에서 약 500㎞ 남서쪽에 위치한 몰디브는 남북으로 약 860㎞, 동서 128㎞의 해역에 흩어져 있는 1,192개의 작은 산호섬으로 이루어져 있는데, 이들 섬을 합한 국토 면적은 297.8㎢로 강원도 태백시(303.4㎢)와 비슷하다. 200여 개의 섬에만 사람이 거주하며, 인구는 2023년 기준 52만6천 명이다.

 몰디브는 산호로 둘러싸인 아름다운 환경 덕분에 세계적인 휴양지로 꼽히지만 그만큼 해수면 상승에 취약하다. 몰디브섬 80% 이상이 해발 1m 아래에 있다. 2004년 인도양에서 발생한 쓰나미는 인도네시아와 스리랑카, 인도, 태국 등 12개국에서 약 22만8천 명의 목숨을 앗아갔다. 쓰나미는 몰디브의 섬들도 덮쳤고 당시 몰디브의 수도인 말레 시내의 3분의 1이 침수되고 100명 이상이 목숨을 잃었다.

 이후 몰디브 정부는 기후위기에 대한 섬의 복원력을 키우기 위해 인공섬 건설을 포함한 대대적인 투자를 시작했다.[25] 20년이 넘는 건설 프로젝트 끝에 수도 말레 북동쪽에 거대한 인공섬 '훌후말레'를 만들었다. 두 차례의 간척사업과 도시 인프라 구축에만 1억9,200만 달러가 투입되었다. 국제공항 주변의 산호 지대 위에 모래를 쌓아 해발 2m 높이의 인공섬을 만들기 시작했고, 그 위에 도시를 조성했다.

 훌후말레는 수도 말레의 인구를 분산시키는 동시에 해수면 상승에 대비하고자 만들어진 섬이다. 이 섬의 면적은 4㎢ 이상으로 넓어져 몰디브에서 네 번째로 큰 섬이 되었다. 여의도(2.9㎢)의 1.4배에 이르는 크기다. 이미 5만 명 이상이 이주했고, 추가적인 도시계획이 마무리되면 몰디브 전체 인구의 절반에 가까운 24만 명이 이주할 것으로 예상된다. 몰디브 정부는 수도인 말레보다 2배가량 높은 곳에 만들어진 훌후말레가 기후위기 시대의 새로운 정착지이자 태풍·홍수 등의 재난을 피할 수 있는 피난처가 되기를 기대하고 있다.

 몰디브는 훌후말레섬뿐만 아니라 수십 년에 걸쳐 말레 주변의 산호 지대를 매립해 마을과 쓰레기 소각장 등을 위한 부지로 활용해왔다. 한편으로는 국민을 이주시키기 위해 이웃 국가인 인도와 스리랑카 등 더 높은 지대에 있는 다른 국가들의 땅을 매입하려는 계획도 추진한 바 있다.

몰디브 정부는 1972년부터 아름다운 섬들을 골라 다국적기업에 넘겨 개발을 시작했다. 몰디브 경제의 약 30%는 관광산업에서 발생하지만, 리조트 등에서 벌어들이는 수익은 몰디브에 남지 않고 외부로 빠져나간다. 몰디브에서 사람이 거주하는 섬에는 관광객들을 위한 리조트와 고급 호텔이 즐비하고 이를 위한 간척사업이 대대적으로 이루어져 왔다. 지난 10년간 몰디브에서 사람이 사는 섬의 65%가 간척사업을 통해 면적이 확대되었다.[26]

무분별한 관광지 건설과 간척사업으로 인한 피해는 고스란히 바다 생태계와 현지인들의 몫이 되었다. 간척으로 산호는 매립되었고, 해양 동물의 서식지는 파괴되었다. 관광객이 증가하면서 지하수가 고갈되고 지하수에 해수가 유입되었다. 몰디브는 식품의 80%를 수입에 의존하고 있는데, 주식인 쌀은 더이상 몰디브 땅에서 재배되지 않고, 채소와 고기는 물론 아이들이 먹는 과자도 전부 해외에서 들어온다. 바닷물이 점점 올라오면서 염도가 높아졌고, 농작물을 거의 생산할 수 없게 되었기 때문이다. 여기에 관광객들이 먹는 음식을 위해 수입을 더 늘려야 했다. 몰디브 해변에는 '죽은 산호'가 파도에 끊임없이 밀려온다. 몰디브의 아름다운 바다는 사실 죽은 산호밭이었다. 아이러니하게도 더 많은 산호가 죽을수록 더 아름다운 바다가 되는 것이다.

재난 위험이 적은 곳으로

 인도네시아는 세계에서 14번째로 넓은 나라이자 1만7천 개 이상의 섬으로 이루어진 세계 최대 섬나라다. 주요 섬들은 수마트라, 자바, 보르네오, 술라웨시, 뉴기니 등이다. 인구도 약 2억8천만 명으로 세계에서 네 번째로 많다. 인도네시아 수도는 자바섬에 있는 자카르타로 1천만 명이 넘는 사람들이 거주하고 있다. 광역권까지 고려하면 3천만 명 이상이 거주하는 거대 도시로 서울을 포함한 수도권만큼이나 인구밀도가 높은 도시다.

 그런데 인도네시아 정부는 2019년 수도를 자카르타에서 보르네오섬의 동칼리만탄 지역으로 옮기기로 확정했다. 조코 위도도 인도네시아 대통령은 "새 수도는 홍수, 쓰나미, 지진, 산불 등 재난 위험이 적기 때문에 선택했다"며 수도 이전의 이유를 설명했다.[27] 반면 자카르타는 세계에서 가장 빨리 물에 잠기고 있는 도시였기 때문이다.

자카르타 북부의 무아라 바루 지역의 북부 해안에는 길이 13㎞, 높이 2m에 이르는 거대한 방벽이 세워져 있다. 해수면보다 낮은 땅으로 바닷물이 넘쳐 들어오는 것을 막으려는 것이다. 자카르타의 약 40%는 해수면 아래에 있다. 인구 1천만 명이 넘는 자카르타는 상수도 보급률이 60%대에 그치고 그마저도 상수원 오염이 심하다 보니 수돗물을 믿지 못하는 시민들이 지하수에 크게 의존하고 있다.[28] 수도관이 공급되지 않는 지역의 사람들이 지하 깊은 곳 암반수를 퍼 올려 쓰면 그 위에 있는 지반은 바람 빠진 풍선처럼 가라앉고, 지반 침하로 이어진다.

지구온난화로 자카르타 북부 수면이 연간 8㎜씩 상승하고 있고 지하수 남용으로 지반이 내려앉으면서 북부 자카르타가 가라앉는 속도는 연간 최대 25㎝에 달했다. 이런 추세라면 2050년 자카르타의 절반 이상이 물에 잠기고, 북부 자카르타는 95%가 가라앉을 전망이다.[29]

인도네시아 정부는 자카르타가 수도로서 기능하기가 어려워짐에 따라 보르네오섬 누산타라로 수도 이전 작업을 진행하고 있다. 누산타라는 자카르타에서 북동쪽으로 1,200㎞ 떨어진 보르네오섬 정글 지대에 있다. 누산타라의 총면적(2,561㎢)은 자카르타의 4배, 미국 뉴욕의 2배 규모다.[30]

수도 이전은 2045년까지 5단계에 걸쳐 진행될 계획이었다. 그런데 2024년 인도네시아 새 정부는 새 수도 누산타라를 2028년까지 완공시키겠다고 밝혔다.[31] 대통령궁은 이미 완성되어 2024

년에 독립 79주년 기념일 행사를 치렀다.[32] 인도네시아 당국은 수년 내에 누산타라를 행정은 물론 '정치 수도'로 만들겠다는 계획을 보여주는 것이라고 설명했다. 하지만 정치·경제·외교 기능이 밀집한 자카르타의 기능을 온전히 옮기기는 쉽지 않을 것이라는 전망이 나온다.

아시아의 아마존으로 불리는 보르네오섬으로 수도를 이전하면 현지 자연환경이 파괴되고 고유한 방식으로 살아온 보르네오섬의 원주민과 코주부원숭이, 오랑우탄 등 멸종위기종 동물의 삶이 위협받는다는 비판도 거세다. 보루네오섬의 토착 원주민들이 수도 이전으로 인해 쫓겨나거나 하층민으로 전락할 것이라는 우려도 나온다. 수도를 옮겨도 이주하지 못하고 남게 되는 자카르타 주민들은 기후위기에 고스란히 노출될 것이다. 더구나 그들의 문제는 기후변화의 최전선에 있는 국가와 사람들만의 고민이 아니다.

해운대가 사라지는 날

 작은 섬나라들과 인도네시아만의 문제가 아니다. 미국 비영리 연구단체인 클라이밋 센트럴의 연구 결과를 보면[33], 지구 온도가 산업화 대비 3도 오르면 세계 50개 주요 도시가 물에 잠길 수 있다. 여기에는 미국 뉴욕과 로스앤젤레스(LA), 영국 런던, 덴마크 코펜하겐, 호주 시드니, 일본 도쿄와 후쿠오카, 중국 상하이, 태국 방콕, 쿠바 아바나, 아르헨티나 부에노스아이레스, 칠레 산티아고, 이집트 카이로, 아랍에미리트 두바이 등 각국을 대표하는 도시들이 포함되어 있다.

 클라이밋 센트럴은 전 세계 주요 도시들이 해수면 상승과 홍수 등에 따라 어떤 영향을 받는지를 분석해 사진으로 공개했다. 미국 뉴욕의 상징인 자유의 여신상이 범람한 강 위에 위태롭게 서 있고 영국 런던의 버킹엄 궁전과 세인트폴 성당, 호주 시드니의 오페라 하우스, 프랑스 니스의 대성당 등 세계 유적지와 유명 건축물들이 물에 잠길 것으로 예상되었다. 일본 후쿠오카는 도시 전체가 물에 잠겨 지붕만 물 밖으로 나와 있고, 중국 광저우의 높은 빌딩들도 물속으로 사라졌다. 아랍에미리트 두바이는 사막 위에 물이 높게 차올라 고층 건물의 윗부분만 물 밖으로 나와 있고 쿠바 아바나의 명소 카테드랄 광장은 아예 물에 잠겨버렸다.

현재도 전 세계 사람들 약 3억8,500만 명이 해수면 상승에 따른 위험에 처해 있다. 국제사회가 합의한 지구 평균온도 상승 1.5도를 지키더라도 5억1천만 명이, 3도 상승하면 세계 인구의 10%에 해당하는 8억 명 이상이 해수면 상승에 따른 피해를 겪을 것으로 전망된다.[34] 지구 온도는 이미 1.5도 상승에 도달하고 있고, 지금과 같은 추세라면 지구 온도가 3도 오르는 시기는 빠르면 2060년이 될 수도 있다.

안토니우 구테흐스 유엔 사무총장은 지구온난화에 따른 해수면 상승이 미칠 파멸적인 영향을 여러 차례 경고하고 있다. 쿠테흐스 총장은 "어떤 시나리오를 적용하더라도 중국, 인도, 네덜란드, 방글라데시 같은 나라는 모두 위험해진다"라며, "각 대륙에 있는 대도시들이 심각한 충격에 직면할 것"이라고 말했다.[35] 뉴욕, 런던, LA, 코펜하겐, 상하이, 뭄바이, 방콕, 자카르타, 부에노스아이레스, 산티아고, 카이로 등이 취약한 대도시로 거명되었다. 해수면 상승에 노출된 상위 10개 지역 중 8개 지역이 아시아에 몰려 있어 3도가 오르면 약 6억 명이 침수 위기에 놓인다. 특히 중국, 인도, 베트남, 인도네시아, 방글라데시는 해수면 상승에 가장 취약한 상위 5개 국가에 포함되었다.

한반도 해역 해수면도 빠르게 상승하고 있다. 클라이밋 센트럴에 따르면[36], 현재 수준의 온실가스 배출이 지속되는 경우 한국에서 밀물 때 거주지가 직접적으로 잠길 것으로 예상되는 인구는 2050년에 40만 명, 2100년에는 64만 명이다. 해수면 상승으로 거주지의 지면이 만조선(만조 때 바다와 땅의 경계) 아래에 놓이는 한국 인구를 산출한 결과다. 태풍 등 자연재해까지 가정했을 때 최소 1년에 한 번 홍수 피해를 겪을 것으로 예상되는 인구는 2050년 130만 명, 2100년에는 160만 명으로 예측되었다. 온실가스 배출량과 배출 속도를 현재의 수준으로, 대형 태풍 등 중대재해는 '10년에 한 번'으로 각각 가정해 산출한 만큼 보수적으로 계산한 결과다. 온실가스 배출량이 감축되지 않거나 대형 태풍 등 재해가 10년에 한 번보다 많아지면 피해를 보는 인구는 더 많아진다.

지역별로 살펴보면 서해안과 남해안의 도시 대부분이 침수 피해를 보는 것으로 나타났다. 2050년 기준으로 인천, 김포, 부산, 군산, 목포 등 해안 인접 도시가 홍수 피해 영향권에 든다. 인천에서는 인천국제공항과 김포국제공항 일부가 물에 잠기고 서울에서도 한강변을 따라 침수 피해가 발생한다. 특히 양천구 목동, 강서구 마곡동, 구로구 신도림동 일대와 올림픽대로 대부분 구간이 물에 잠길 것으로 예상되었다.

실제로 2023년 7월, 전라남도 목포는 폭우와 해수면 상승이 겹치면서 침수 피해를 겪었다.[37] 사흘에 걸쳐 시간당 200㎜가 넘는 비가 내린 탓도 있지만, 만조[38]가 피해를 더 키운 것으로 분석되었다. 우리나라 서해안의 경우 만조와 간조가 하루 2회씩 나타나는데, 서해안의 해수면이 상승하면서 만조 때 바닷물이 예전보다 더 많이 차오른 것이 침수의 원인이 되었다. 목포 침수는 해수면 상승에 취약한 지역의 피해가 현실화한 사례라 할 수 있다.

국립해양조사원이 2023년 분석한 결과를 보면[39], 고탄소 시나리오가 현실화하는 경우 2100년 한국 주변 해역 해수면의 평균 높이는 2015년에 비해 82㎝까지 높아진다. 해역별로는 대한해협 상승 폭이 82.3㎝로 가장 크고, 동해 82.2㎝, 서해 80.8㎝ 순이다. 고탄소 시나리오는 산업기술 발전에 치중해 화석연료를 계속 많이 사용하고 도시 위주의 난개발을 확대하는 경우를 가정한다. 2년 새 상황은 더 심각해졌다. 2021년 국립해양조사원이 IPCC의 5차 보고서 기후변화 시나리오로 분석했을 때는 2100년까지 최대 73㎝ 높아진다는 결과가 나왔다. 해가 거듭될수록 해수면 상승 속도가 더 빨라지고 있다.[40]

해수면이 80㎝가량 올라가면 인천 영종도의 경우 중심부까지 수면 아래로 내려가고, 경기 평택, 충남 당진·아산·서산, 전북 군산·김제·부안, 전남 목포·신안·해남·강진·고흥 등도 바다 표면보다 낮아지는 연안 면적이 커질 수밖에 없다. 해수면 수위가 80㎝에서 1m 상승하면 부산 해운대 등 상당수 해안가 도시가 침수될 가능성도 있다. 2015년 부산발전연구원의 보고서에 따르면[41], 해수면 높이가 1m 상승한 경우 부산의 해수욕장, 주요 항만, 산업공단이 침수되고, 해수면이 2m 높아지면 해운대 마린시티 일부, 센텀시티 신세계·롯데백화점, 용호동 등 주거단지가 물에 잠긴다. 여기에 기후변화로 발생 빈도가 늘고 있는 태풍·해일 등 자연재해가 겹치면 심각한 문제로 이어질 수 있다.

우리는 아니라고 믿는 순간

테이티오타의 투쟁이 남긴 것

키리바시 토착민 이와네 테이티오타는 전 세계에서 처음으로 '기후난민'의 자격을 인정받기 위해 뉴질랜드와 법적 투쟁을 벌였다.[1] 키리바시 주민들은 이미 기후변화로 인한 피해를 고스란히 겪고 있었다. 연간 강우량이 감소하면서 주민들의 식수원인 지하수가 소금물로 변했고, 근해에 풍부하던 어획량은 급감했다. 조수가 높아질 시기에는 파도가 육지로 범람하면서 농사지을 땅은 사라져 갔다. 그나마 편의시설을 갖춘 수도 타라와로 사람들이 몰리면서 물가와 실업률이 증가했고, 교육과 의료 서비스는 부족했다.

테이티오타는 키리바시 외곽 지역인 타비테우에아에서 태어났다. 테이티오타도 결혼한 후 다른 사람들처럼 타라와로 이주했다. 그러나 수년 동안 아무런 일거리를 찾지 못했고, 치안도 최악이었다. 위생시설도 턱없이 부족했다. 수도 타라와의 주민 중 약 60%는 화장실이 없어 노상에서 볼일을 해결했다. 2012년 실시된 수질 검사에서 타라와 내 모든 지하수에서 대장균이 검출되었다. 결국 테이티오타는 2007년 취업 비자를 얻어 뉴질랜드로 이주했다. 뉴질랜드 오클랜드에서 아내는 간병인 자리를 얻었고 그는 농장에서 일을 구했다. 이후 약 8년간 뉴질랜드에 살면서 3명의 자녀도 얻었다.

그런데 테이티오타가 2011년 중반쯤 뉴질랜드에서 취업비자 연장 시기를 놓치면서 문제가 불거졌다. 테이티오타는 2011년 12월 경찰의 불심검문에서 불법 체류 신분이 드러나며 체포되었다. 테이티오타는 자신이 키리바시로 송환되면 자녀들의 미래를 보장할 수 없다며 뉴질랜드 법원에 선처를 호소했지만 받아들여지지 않았다. 당시 뉴질랜드에는 키리바시와 같이 수몰 위험에 처한 투발루 등의 섬나라 이민자들이 점차 늘어나는 추세였고, 이들도 국외 추방 등의 법적 문제에 봉착해 있었다.

2013년 테이티오타는 기후변화로 인해 어쩔 수 없이 본국을 떠날 수밖에 없었고, 기후변화로 인해 생명의 위협을 느낀다며 뉴질랜드 당국에 난민 지위 확인을 신청했다. 그러나 뉴질랜드 이민청은 테이티오타를 난민으로 받아들이지 않았다. 키리바시의 상황이 테이티오타의 생명을 위협할 정도로 심각하다고 보기 어렵고, 주거, 재산, 식량을 둘러싼 실질적인 폭력 사태를 경험할 가능성 및 식량과 물 수급이 불가능하다는 점이 입증되지 않은 이상 객관적인 박해의 존재를 인정할 수 없다는 것이었다. 테이티오타 가족이 다른 키리바시 국민과 구분되는 특질을 가졌다고 볼 수 없다는

이유도 들었다.[2]

　뉴질랜드 고등법원, 항소법원, 대법원도 같은 결정을 내렸다. 뉴질랜드 대법관은 판결문에서 테이티오타의 항소를 허가함으로써 난민협약의 적용 범위를 변경하는 것은 고등법원의 권한이 아니라고 밝혔다. 그는 "넓은 차원에서, 만약 이런 협약이 성공해서 다른 관할권에서도 채택된다면, 중기적 경제적 박탈에 직면하거나 자연재해나 전쟁의 직접적인 결과 또는 기후변화로 인한 추정적 어려움에 직면한 수백만 명의 사람들이 난민협약에 따른 보호를 받을 자격이 있게 될 것"이라며 문제의 심각성과 규모가 결정의 근본적인 이유라고 말했다.[3] 테이티오타를 기후난민으로 인정하는 경우 법적 판례가 생기면서 태평양 도서 지역의 수백만 명의 잠재적 난민 신청자들조차 난민으로 인정해야 하는 위험성이 생긴다는 설명이었다.

　난민의 지위에 관한 협약에 따라 보호 대상이 되는 난민은 "인종, 종교, 국적, 특정한 사회집단의 구성원 또는 정치적 의견을 이유로 박해를 받고 있다는 충분한 근거가 있는 공포로 인해 국적국 바깥에 거주하고 있는 자로서 국적국의 보호를 받을 수 없거나 그와 같은 공포로 인해 국적국의 보호를 받기 원하지 않는 자 또는 이전에 상주하던 국가 바깥에 거주하고 있는 무국적자로서 그 국가로 돌아갈 수 없거나 그와 같은 공포로 인해 그 국가로 돌아가기를 원하지 않는 자"로 정의된다.

　이 정의에 따라 난민으로 인정받으려면 박해 사유(인종・종교·국적·특정 사회집단 구성원·정치적 의견을 이유로)가 존재해야 하며, 박해를 받고 있다는 공포감을 느끼며, 그런 공포감에 충분한 근거가 있어야 하고, 그런 공포로 인해 국적국이나 상주국의 보호를 받을 수 없거나 보호를 받는 것을 원하지 않을 것이라는 요건이 인정되어야 한다.

여기서 핵심은 '박해를 받을 우려가 있다는 충분한 근거에 기반을 둔 공포'가 있어야 한다는 것이다. 난민 인정 요건의 핵심인 '박해'란 '인종, 종교, 국적, 특정 집단의 구성원 신분 또는 정치적 의견을 이유로 한 생명 또는 자유에 대한 위협'을 의미한다고 볼 수 있다. 기후난민이 인정되기 어려운 이유도 이 '박해 사유'에 명시적인 내용이 규정되어 있지 않기 때문이다.[4]

2015년 뉴질랜드 대법원의 확정판결 이후 키리바시로 강제 송환된 테이티오타는 뉴질랜드 정부의 추방 조치가 시민권과 정치권에 관한 국제 협약(자유권 규약)을 위반한 것이라며 유엔인권이사회에 제소했다. 테이티오타는 해수면 상승을 포함한 자연환경의 파괴로 인해 자유권 규약 제6조[5] 상의 자신의 생명권이 침해받고 있다는 이유를 들어 뉴질랜드 정부를 상대로 유엔자유권규약위원회에 개인 청원[6]을 제기한 것이다.

쟁점은 뉴질랜드 정부가 청구인을 본국으로 돌려보냄으로써 그의 자유권규약 제6조의 생명권에 대한 '회복 불가능한 손해 발생의 실질적 위험'이 발생하는지였다. 2020년 1월 7일 유엔자유권규약위원회는 뉴질랜드 정부의 결정을 인용하며, 테이티오타의 송환 결정이 청구인의 생명권을 침해하지 않는다고 판단했다. 하지만 유엔자유권규약위원회는 이 결정에서 국가들은 회복 불가능한 손해 발생의 실질적 위험이 있다고 믿을 만한 상당한 근거가 있는 경우에 본국으로 송환해서는 안 된다는 원칙을 밝혔다.[7] 환경파괴와 기후변화가 생명권 침해를 야기할 수 있음을 명시적으로 인정한 것으로, 더 나아가 급속한 자연재해뿐 아니라 점진적 환경 변화 역시 생명권 침해를 야기할 수 있고, 따라서 강제송환 금지원칙의 적용 대상이 될 수 있음을 인정했다.

하지만 유엔자유권규약위원회는 테이티오타의 청구를 기각했다. 위원회 다수 의견은 키리바시 공화국이 향후 10년에서 15년 이내로 해수면 아래로 가라앉을 것이라는 증거와 이로 인해 거주 가능한 공간이 부족해지면서 폭력적인 토지 분쟁이 있었다는 점을 인정했다. 그럼에도 이런 위험은 키리바시에 거주하는 모든 사람이 마주한 일반적인 위험이지, 청구인이 마주한 특유의 위험이 아니라고 판단했다. 다수 의견은 해수면 상승으로 키리바시가 주거 불가능한 상태가 되기까지 10년에서 15년 이상 걸릴 것으로 예상되는데, 이는 임박한 위험에 해당하지 않는다고 판단했다. 그 사이 키리바시가 국제사회와 함께 적극적인 조치를 취할 수 있으며, 필요한 경우 자국민을 다른 곳으로 이주시키는 등의 방법으로 보호할 수 있고, 키리바티 정부가 문제를 해결하기 위해 기후변화 대응 조치들을 취했다고 판단했다.[8] 결론적으로 다수 의견은 회복 불가능한 손해 발생의 실질적 위험이 충분히 인정되지 않는다는 이유로 테이티오타와 그 가족을 송환한 행위가 강제송환금지원칙에 위반되지 않았다고 판단한 것이다.

유엔자유권규약위원회의 결정에 관한 평가는 엇갈린다. 기후변화로 인한 영향 그 자체가 개인의 생명권에 대한 침해로 이어질 수 있고, 강제추방금지원칙이 적용될 수 있다고 한 점은 획기적인 결정으로 평가받았다. 하지만 한계는 명확하다. 기후난민으로 인정받으려면 국가가 아니라 청구인 스스로 회복 불가능한 손해 발생의 실질적 위험이 있다는 것을 입증해야 하고, 키리바시와 테이티오타가 처한 상황보다 더한 악조건이어야 한다는 점을 확인한 결정이었다.

유엔자유권규약위원회의 결정에 반대 의견을 낸 두칸 라키 무후무자 재판관은 청구인에게 부과된 입증책임이 너무 높아 입증 불가능하며, 실질적 위험의 발생이라는 기준을 충족하기 위해 사망자가 많아지기까지 기다리는 것은 반직관적이고, 생명을 보호하고자 하는 규약의 정신에 역행한다고 주장했다. 그는 또한 뉴질랜드의 강제송환 결정에 대해 "침몰하는 배에 다른 승객들이 있다는 이유로 물에 빠진 사람을 배의 갑판으로 돌려보내는 것과 같다"고 비판했다. 결국 유엔자유권규약위원회의 결정은 기후난민이 국제인권법상 보호제도를 통해 보호받을 가능성만을 열어 주었을 뿐, 보호의 문턱을 낮춘 것은 아니라는 평가다.[9]

강제송환금지와 같은 인권법적 보호를 받기 위해 기후난민이 갖추어야 할 조건은 여전히 매우 높으며, 어떤 상황까지 처해야 조건에 충족해 난민으로 인정받을 수 있을지는 의문으로 남아 있다. 기후변화의 최전선에서 처절한 생존 투쟁을 벌이고 있음에도 여전히 기후난민은 난민이 아니다.

그들을 바라보는 시선

'기후난민'은 기후변화와 지구온난화에 대한 관심과 우려가 본격화된 2000년대부터 사용된 용어로, 유엔을 비롯한 국제기구에서는 갑작스러운 기후변화와 그에 따른 자연재해로 인해 생활이나 생활환경에 위협을 받아 일시적 또는 영구적으로 터전을 잃고 국내외로 이주한 실향민을 총칭한다.

흔히 기후난민은 환경난민이나 생태난민과 혼용하는데, '환경난민'이 기후난민보다 먼저 사용되었다. 환경난민은 1985년 유엔 환경계획에서 엘-히나위가 작성한 '환경난민'이라는 보고서에서 처음 사용된 용어로, (자연적인/인위적인 원인으로 발생한) 환경 파괴로 인해 생존의 위협을 받거나 생활의 질이 심각하게 저하됨에 따라 일시적 또는 영구적으로 생활 터전으로부터 강제이주한 사람들로 정의되었다.[10]

환경난민이 발생하는 요인으로는 가뭄, 홍수, 폭풍, 지진, 토네

이도, 화산 등의 자연재해 외에도 사막화와 토양 유실 등으로 인한 토지 기반 파괴와 공장 및 폐기물 처리와 연관된 환경오염 및 재난 등이 포괄적으로 제시되었다.

환경난민 담론은 두 가지 측면에서 비판이 제기되었다.[11] 첫 번째는 환경파괴와 이주 사이의 인과관계를 명확하게 증명하기 어렵다는 점이다. 사하라사막과 남태평양 도서국가, 방글라데시 등에서의 이주는 환경파괴의 결과가 아니라 오랜 기간 환경에 대응하기 위한 전략이거나 생활양식이라 볼 수 있고, 실제로 환경파괴로 인한 생활의 어려움이 발생하더라도 난민이 대규모로 발생한다고 보기는 어렵다는 것이다.

두 번째는 환경난민이 난민협약체제에 포함되기는 어렵고, 이런 시도가 오히려 난민협약의 효력을 약화시키거나 형해화하는 부작용을 낳을 수 있다는 비판이다. 환경난민은 난민법의 기본 요건에 포섭되지 않는 특성을 가진 경우가 많은데, 이를 해결하기 위해 난민 요건을 광범위하게 해석해 난민 범위를 넓히는 것은 난민법의 기초를 무너뜨릴 위험이 있다는 것이다. 또한 이미 난민 보호에 소극적인 기성 국가들이 난민을 보호할 책임을 더욱 기피하도록 하는 구실로 사용될 수 있다는 것이다.[12]

지구온난화에 관한 논의가 심각해지고 기후변화에 대한 경각심이 높아짐에 따라 국제적으로 환경난민의 범주로부터 기후난민을 분리해서 별도의 개념으로 사용하기 시작했다. 기후난민의 규모가 증가했다기보다는 국제사회의 화두가 환경에서 기후 중심으로 전환되었기 때문이었다. 대표적으로 유엔환경계획에서는 1990년대부터 '환경난민'을 환경오염이나 환경파괴로 발생한 난민으로 지칭하는 데 국한하는 반면, 기후변화에 따른 폭염, 가뭄, 홍수, 지진, 침수, 폭풍, 산불 등의 자연재해로 인해 발생한 난민은 '기후난민'으로 구별해서 사용하고 있다. 환경난민은 국지적인 환경문제로 발생한 로컬 이슈로 사용되는 반면, 기후난민은 궁극적으로 지구온난화와 같은 전 지구적 기후변화가 야기한 글로벌 이슈로 다루어지고 있다. 이렇게 기후난민 개념은 기후변화가 인류에 미치는 치명적인 영향을 명시적이고 즉각적으로 보여주는 근거로 작동해왔다.[13]

2010년대에 들어 기후(환경)난민에 관한 담론은 '터전을 상실한 불쌍한 타자'의 이미지에서 '선진국의 국경과 안보를 위협하는 잠재적 침입자'의 이미지로 변화했다.[14] 실제로 유럽과 선진국 내 보수 진영은 개발도상국의 이민자 유입 문제를 정치화했고, 이는 2015년부터 중동과 아프리카에서 유럽으로의 대규모 난민 유입으로 빚어진 유럽 난민 위기로 나타나면서 세계적으로 이슈화되었고 기후난민 개념은 정치화되었다. 기후난민의 유입에 대한 공포감은 개발도상국 출신 이주민에 대한 외국인 혐오증과 인종차별주의와 연계되어 이주민의 유입을 방어하고 국경 안보를 수호하기 위한 정치를 강화할 가능성이 크다.

UN을 비롯한 국제사회는 기후난민이 시급한 현안이라는 인식을 공유했음에도 기후난민을 다루기 위한 다자적 제도 구성에 실패를 거듭했다. 기후난민을 어떤 형태와 방식의 국제 거버넌스로 통제, 관리할 것인가의 문제가 국가 간 이해관계와 연결된 첨예한 사안이기 때문이었다. 이런 기후난민에 대한 국제사회의 태도 변화가 뉴질랜드가 테이티오타를 기후난민으로 인정하지 않은 데에도 큰 영향을 미쳤다.

기후난민 담론에서의 '불쌍한 타자'와 '잠재적 침입자' 이미지는 상반되어 보이지만, 기후 이주민을 타자화하고 이들의 행위성을 충분히 인정하지 않고 있다는 점에서 공통점을 갖고 있다. 하지만 2000년대 이후 선진국의 난민 위기를 중심으로 유포되는 기후난민의 정치적 담론과는 달리 기후 이주민은 장거리보다는 단거리 이주 패턴이 주류를 이루고 있으며 국경을 넘는 난민보다는 국내 실향민이 대부분이다.[15]

실제로 지난 30년 동안의 기후 이주 패턴을 도시와 농촌, 홍수 피해 유무 지역 등 지리적 특징과 인구 규모, 전출입 지역, 기술 수준 등 이주 인구 특징에 따라 분석한 최근의 연구 결과에 따르면[16], 기후 이주의 대부분은 국지적 또는 지역적 수준에서 나타났고, 경제협력개발기구(OECD) 국가들로의 이주민 유입은 전체 이주 인구의 6~9%에 지나지 않았으며 이마저도 대부분 두뇌 유출 현상과 관련되어 있었다.[17]

기후난민을 둘러싼 논의들

　유엔난민기구는 기후변화를 국내 강제이주와 국외 강제이주를 발생시키는 중요한 요인으로 인식하고 있다. 또한 기후 재난을 기후변화의 주요 현상 중 해수면 상승과 같이 점진적 변화를 일으키는 재난과 사이클론, 킹 타이드와 같은 급격한 변화를 일으키는 재난으로 구분한다. 이렇게 구분하는 이유는 기후 재난에 따른 강제이주의 유형이 다르기 때문이다. 급격한 변화를 일으키는 재난은 주로 거주민의 국내 이동으로 일시적인 현상이지만, 해수면 상승 등으로 인해 점진적인 변화를 일으키는 재난은 국외 이주로 이어지는 경우다.

　유엔난민기구는 해수면 상승이 식량안보, 거주권, 건강권, 생명권의 문제에 이르기까지 해수면 상승으로 영향받는 지역 거주민의 삶 전반에 영향을 미칠 수 있고, 특히 작은 섬나라들과 저지대 연안 국가들에서는 국가 전체의 강제이주가 발생할 만큼의 영향을 줄 수 있다는 점에 주목하고 문제를 해결하기 위해 노력하고 있다. 유엔난민기구는 기후변화로 인해 발생한 실향 문제는 1951년 난민협약의 적용 대상에 해당하지 않기 때문에 기후난민이나 환경난민과 같은 용어의 사용을 지양해야 한다는 점을 강조해왔다.[18] 또한 기후변화는 한 국가 안에서 발생해 해당 국가 주민에게 영향을 미치는 경우가 많으며, 국경을 넘는 피난으로 발전하기 전에 자국 내 다른 지역으로 피난하는 경우가 많으므로 기후난민 대신 '자연재해 또는 기후변화로 인한 강제 실향민'이라는 표현을 사용하고 있다.[19]

2020년 유엔자유권규약위원회의 판단 이후 기후난민에 대한 유엔난민기구의 입장도 점차 바뀌고 있다. 유엔난민기구는 2020년 10월, 유엔자유권규약위원회가 결정한 것처럼 기후변화와 인권의 밀접한 관련성을 인정하면서 기후변화나 재해로 인해 국제법상 보호를 요청하는 사람들은 난민 인정의 요건을 충족할 수 있다고 입장을 발표했다.[20]

2022년에도 유엔난민기구는 '기후변화, 강제이주, 그리고 인권'이라고 제목의 문서를 발표하면서, 기후변화와 재해로 인해 피난을 간 사람들을 보호하기 위한 국제법상의 방법을 크게 세 가지로 정리했다.[21]

① 기후변화와 재난으로 실향민이 된 사람들 대부분은 국경을 넘지 않고 자국 내에 머무르며 국내 실향민이 된다. 이런 경우 국가는 자국 영토 내에서 국내 실향민의 인권을 차별 없이 보호하고

증진하며 이행할 의무가 있다.

② 기후변화와 재난으로 국경을 넘어 난민이 된 사람들은 어떤 상황인지에 따라 국제난민법에 적용될 수 있다. 특히 인권침해의 가능성이 있으면 1951년 난민협약상 박해의 요건에 해당할 수 있으며, 각국이 기후변화와 재해의 부정적인 영향을 완화하고자 하는 노력과 본국의 개선 및 혁신 정책 등을 고려해 본국에서 박해받았을 합리적인 가능성이 있었는지를 결정할 수 있게 된다.[22]

③ 기후변화와 재해로 국경을 넘었으나, 국제난민법상 난민 인정 요건을 충족하지 못한 사람들도 본국으로 송환 시 고문, 학대 및 기타 심각한 인권침해를 포함한 심각하고 회복할 수 없는 피해가 발생할 위험이 있는 경우 국제인권법상 강제송환금지원칙에 따른 보호가 적용될 수 있다. 국제인권법에 따라 협약국은 기후변화로 인한 이재민을 포함해 관할권 내에 있는 모든 사람의 인권을 보호해야 할 의무가 있다.

기후난민 문제가 처음 제기된 이후 관련한 여러 국제기구와 기관들은 독자적인 연구를 통해 정책을 제시해왔다. 기후난민 이슈는 이민과 난민, 환경과 기후, 자연재해 등 여러 쟁점이 얽혀 있는 만큼 관련 주제를 다루는 기구들이 다양할 수밖에 없었다. 그렇다 보니 여러 입장을 하나로 모아 논의할 수 있는 체계가 없었다. 이에 난민협약 체제와 같이 연구 역량을 집중하고 의제를 선도하는 체제를 확립할 필요가 있다는 주장이 꾸준히 제기되었다.

이런 체제 수립 노력은 2010년 멕시코 칸쿤에서 열린 제16차 유엔기후변화협약 당사국총회에서 합의된 '칸쿤 합의'에 담겼다. 칸쿤 합의는 기후 재난과 난민 이슈를 다룰 수 있는 기후변화 적응에 대한 국제사회의 노력과 협력을 강화하는 중요한 계기가 되었고, 이후 기후변화 협상에서도 기후변화 적응의 중요성이 강조되는 데 영향을 미쳤다. 특히 '칸쿤 적응 체계' 도입의 목표는 국가들의 국가적응계획 수립과 적응위원회 구성, 기후변화로 인해 발생하는 손실과 피해에 대한 국제적인 지원 체제 구축과 피해 복구 및 예방 노력 강화, 선진국들의 개발도상국에 대한 재정 지원 약속과 기술 이전 및 역량 강화 지원을 통한 적응 활동 지원이었다. 칸쿤 적응 체계가 도입된 이후 기후난민에 관한 다양한 방식의 국제적인 논의가 진행되었고, 의미 있는 결실을 거둔 것으로 평가되었다.[23]

2011년 6월 노르웨이에서 개최된 '기후변화와 실향에 관한 난센 회의'에서는 기후변화로 인해 국가를 떠나게 된 실향민들의 보호와 관련해 10개의 난센 원칙이 마련되었다. 난센 원칙은 기후변화로 인해 초래된 실향 문제에 대한 대응이 인권과 국제협력의 기본 원칙에 따라 이루어져야 하고, 각국은 이에 대해 자국민을 보호할 책임이 있다는 점을 상기하고, 기후변화에 영향을 많이 받는 지역 및 기후변화에 대한 대처에 취약한 지역의 거주민, 특히 기후변화로 인해 자국을 떠난 실향민의 필요에 관심을 기울이며, 이에 적절히 대처하기 위한 국내법 정책을 마련해야 한다는 등의 내용을 담고 있다.

난센 회의에서 결의된 내용에 따라 노르웨이와 스위스 정부의 주도 아래 2012년 10월 난센 이니셔티브가 발족했다. 난센 이니셔티브는 재난 및 기후변화 때문에 자국을 떠나게 된 실향민 보호 문제를 다루기 위해 마련된 국가 주도의 협의 절차로, 기후변화에 취약한 국가와 지역을 지원하기 위해 의제를 설정하고 데이터베이스를 수집하는 역할을 수행했다. 2015년 10월 UN 회의에서 110개 국가가 난센이니셔티브 보호 아젠다에 대한 지지를 표명했고, 유엔난민기구는 난센 이니셔티브 운영위원회의 옵서버이자 자문위원회의 회원으로서 활동에 참여하고 있다. 난센 이니셔티브는 문제를 명확히 하는 단계를 넘어 구체적이고 실질적인 정책적인 제언을 제공하는 데까지 이르렀다는 점에서 중요한 성취를 이룬 것으로 평가된다.[24]

하지만 이런 국제적인 논의의 진전에도 불구하고 전 세계에 강제 실향민 수는 1억2천만 명 이상으로 지난 10년 동안 2배 늘어나 사상 최대치를 기록하고 있다.[25] 전체 실향민 중 9천만 명은 기후 관련 위험에 극도로 노출된 국가에 살고 있고, 전체 강제 실향민 중 절반 가까이가 분쟁과 기후변화의 악영향을 모두 견뎌내고 있다. 기후변화는 또한 국내와 국외 강제이주의 원인 모두에 악영향을 끼치고 있다. 지난 10년간 기후 재난으로 국내 실향민 2억2천만 명이 발생했는데, 이는 대략 하루에 이재민 6만 명이 생겨난 꼴이다. 2024년 말 기준 분쟁과 재난으로 인한 국내 실향민은 약 8,340만 명으로 2018년(약 4,060만 명)보다 2배 이상 빠르게 증가했다. 이는 2013년부터 조사가 시작된 이래 최고치였다.[26] 2024년 한 해 동안 163개 국가와 지역에서 자연재해에 따른 국내 실향민도 연평균 발생 인원의 2배가 넘는 약 4,580만 명으로 사상 최대였다. 우리나라의 인구에 버금가는 전 세계 사람들이 기후 재난에 집을 떠나야 했다. 2024년 말까지도 980만 명에 달하는 이재민들이 집으로 돌아가지 못했다.

일상적이지만
일상적이지 않은

폭염이 계속된다면

 폭염은 비정상적인 고온 현상으로 '매우 심한 더위'를 뜻한다. 폭염의 정의는 국가와 지역에 따라 다르며, 한국에서는 일 최고기온이 33도 이상인 날을 폭염일로 본다. 폭염은 여름철에 주로 발생하는 극단적인 수준의 고온 현상으로 다른 자연재해보다 더 광범위하고 지속적인 피해를 발생시킨다. 폭염은 심각한 더위로 일상생활에 지장을 줄 뿐만 아니라 인명 피해, 농작물 손실 등 다양한 사회·경제적 문제를 복합적으로 일으키는 기상현상이다. 한국에서 발생하는 폭염은 다양한 원인을 가지고 있으며, 특히 한반도 주변 고기압의 발달은 장기적인 폭염으로 이어질 가능성을 높인다.

 한편, 열대야는 밤에도 더위가 이어지는 기상현상으로, 일 최저기온이 25도 이상인 날로 정의된다. 밤에도 기온이 25도 이하로 내려가지 않으면 너무 더워 사람이 잠들기 어렵기 때문에 더위를 나타내는 지표로 사용한다.

한여름(7~8월) 한반도는 두 개의 고기압 세력의 영향을 받는데, 북태평양고기압과 티베트고기압이다. 해양에서 기원한 고온다습한 북태평양고기압과 대륙 내부에서 발달한 고온건조한 티베트고기압은 계절적으로 확장하는데, 한여름에는 한반도 상공에서 중첩되며 대기 하층에서 상승까지 키 큰 고기압을 형성한다.

상하층 모두 고기압 세력의 영향을 받는 경우, 블로킹 현상 등으로 대표되는 대기 흐름의 정체현상이 발생한다. 대기 흐름이 정체되면 날씨 변화가 적고 고기압 내의 뜨거운 공기가 계속 머무르면서 열이 축적되고, 축적된 열은 지속적이고 강력한 고온 현상을 발생시킨다. '열돔'이라 불리는 현상이다. 두 고기압의 계절적 확장과 수축은 매년 변화하는 대륙과 해양, 열대와 중위도의 에너지 차이 등에 따라 다양한 영향을 받으며, 한반도의 폭염 장기화에 중대한 영향을 미친다.

2018년은 기상청 관측 이래 가장 강력한 폭염으로 기록된 해였다. 서울은 39.6도를 기록했고, 홍천에서는 41.0도로 76년 만에 전국 공식 최고기온을 갱신했다. 전국적으로 폭염일수는 31일에 달했고, 열대야일수는 16.6일이었다. 2018년 발생한 폭염은 전국적으로 평년보다 기온이 1.4도 이상 높았고, 영남 지역에서는 2도 이상 높았다. 강도와 지속성 두 측면에서 극단적인 수준의 폭염이 발생했음을 알 수 있다.

2024년 여름도 2018년 못지않게 역대급이었다. 2024년 전국 평균 폭염일수는 30.1일로, 2018년에 이어 역대 두 번째로 많았다. 특히 열대야일수는 24.5일로, 1994년의 16.8일을 뛰어넘어 압도적인 1위를 기록했다. 한반도 주변 바다의 수온이 평년보다 약 2.7도 높아 최근 10년 중 최고치를 기록하면서 밤에도 기온이 잘 떨어지지 않았다. 제주에서는 무려 47일 연속 열대야가 이어졌고, 서울도 34일 동안 열대야가 끊이지 않았다. 2024년 6월부터 이르게 시작한 폭염은 8월을 지나서 9월까지 이어졌다. 추석 연휴에 폭염경보가 발효되는 이례적인 해로 기록되기도 했다. 본격적으로 장기화한 폭염은 폭염일수, 열대야일수, 평균기온, 9월 폭염경보 발효 등 폭염의 발생 시기와 기간, 강도 등 모든 면에서 기록적이었다.

기후변화의 가속화는 전 지구적으로 폭염 발생 빈도와 강도를 증가시키고 있으며, 동아시아와 한반도 또한 예외 없이 증가하는 추세다. 전국적인 자료 분석이 가능해진 1973년 이후 한반도에서 폭염 발생 빈도는 꾸준히 증가하고 있을 뿐 아니라 폭염이 발생하는 기간도 통계적으로 유의미하게 길어지고 있다. 실제로 1973년부터 2024년까지 전국 평균 여름 폭염 발생 일수는 증가하는 추세를 보인다. 특히 1994년, 2016년, 2018년, 2024년과 같은 기록적인 폭염 사례들은 기후변화의 영향에 따른 결과였다.

최근 들어 폭염과 열대야일수 최고기록이 계속 경신되는 것은 기후변화에 따른 뚜렷한 경향성을 보여준다. 2015년부터 2024년까지 최근 10년 동안 평균 폭염일수는 16.3일에 이른다. 이 기록은 2005년부터 2014년까지 과거 10년의 10.3일보다 평균 6일 증가했다. 열대야일수도 최근 10년 동안 11일로 과거 10년 기간 6.8일보다 4.2일 늘어났다.

우리나라는 1912년부터 2020년까지 연평균기온이 약 1.6도 상승했으며, 이는 전 세계 연평균기온 상승폭인 1.09도를 웃도는 수치다. 기후변화로 인해 한반도는 전 지구적 변화보다 더 빠르게 온난화가 진행 중이다. 21세기 후반기(2081~2100년) 우리나라 연평균기온은 기후변화 시나리오에 따라 현재(2000~2019년) 대비 2.3~6.3도 상승할 것으로 전망된다. 폭염일은 현재보다 15.4~70.7일로 최대 9배 증가하고, 열대야일은 19.1~65.2일로 최대 21배 증가할 것으로 예상된다.[1] 21세기 후반기 폭염일수가 가장 많을 것으로 예상되는 지역은 대구광역시로 온실가스 배출 정도에 따라 60.5~120.1일 동안 폭염을 겪을 것으로 보이며, 제주도는 연간 열대야가 55.1~103.2일로 가장 긴 기간 발생할 것으로 전망된다.[2] 온실가스 배출 전망에 따라 적게는 2개월에서 많게는 4개월 동안 폭염과 열대야를 겪을 수 있다는 의미다.

보이지 않는 죽음

 폭염으로 인한 가장 심각한 피해는 인간의 건강과 생명을 위협한다는 것이다. 인간은 항온동물로 인간의 신체는 체온을 일정하게 유지하기 위해 계속해서 주변과 열을 교환하며 기온 변화에 적응하고 있다. 고온에 노출되어 체온이 높아지면 신체는 땀을 배출하고 혈관을 확장해 열을 배출하고 체온을 낮춘다. 하지만 폭염에 장시간 노출되면 체온 조절 기능이 제대로 작동하지 않아 열부종, 열발진, 열경련, 열실신, 열경직, 열탈진, 열사병 등과 같은 온열질환을 겪는다. 특히 열사병은 체온이 40.5도 이상으로 상승하는 경우를 지칭하는데, 매우 치명적인 질환이어서 폭염으로 인한 직접 사망의 주요 원인이다.

 실제로 기후변화로 인해 폭염일수가 늘어나면서 온열질환자가 증가하고 있다. 폭염일수가 31일로 역대 최대를 기록했던 2018년 온열질환자는 4,526명, 추정 사망자는 48명에 달했다. 폭염일수가 30일로 역대 두 번째였던 2024년 온열질환자는 3,704명, 추정 사망자는 34명으로 집계되었다.[3]

한국에서는 2018년 기록적인 폭염을 겪은 이후에야 폭염이 중대한 자연재난이 되었다. 가장 많은 온열질환자와 사망자가 발생했음에도 당시에는 폭염이 자연재난에 포함되어 있지 않아 재난에 대응하는 제대로 된 조치를 마련하지 못했다. '재난 및 안전관리 기본법'이 일부 개정되어 폭염이 재난으로 지정되면서부터 폭염재난관리를 위한 대책을 수립해 이행하고 있다.

폭염은 기후변화에 따라 전 세계적으로 빈번하게 발생하는 기상재해이지만 호우, 태풍과 같은 다른 자연재난과 달리 현상이 눈에 잘 보이지 않아 재난 발생과 주기 등을 파악하기 어려우며 사회 전반에 걸쳐 직·간접적으로 다양한 피해가 발생하는 특징이 있다. 특히 우려할 점은 폭염이 태풍, 호우, 대설 등과 같은 다른 자연재해보다 훨씬 더 많은 사망자를 발생시킨다는 점이다. 2014년부터 2023년까지 폭염으로 인한 사망자는 연평균 40명으로 호우 13.1명, 태풍 3.9명보다 3~10배 이상 많다.

폭염이 자연재해 중에서도 가장 많은 인명피해를 가져오는 심각한 기후재난이라는 것을 알 수 있다.[4] 향후 기후변화로 인한 폭염의 강도와 빈도가 증가하게 되면 폭염에 의한 '보이지 않는 죽음'은 더욱 급증할 것이다.

숫자가 말하지 않은 것

 질병관리청은 폭염이 자연재해로 지정되기 전이었던 2011년 7월부터 '온열질환 감시체계'를 운영해 매년 여름철 온열질환자 발생 현황을 파악하고 있다. 폭염 대비 예방에 활용할 목적으로 폭염대책기간(5월 20일~9월 30일) 동안 온열질환자 발생 현황을 실시간 모니터링하고 일일 통계 현황을 제공한다. 질병관리청은 이를 위해 전국 응급실 운영 의료기관 중 참여 희망기관(약 500개)에 내원한 환자들을 대상으로 일 단위 온열질환자와 온열질환으로 인한 사망자 정보를 수집한다. 온열질환 여부는 한국표준질병·사인분류 기준에 따라 열사병, 열실신, 열경련, 열탈진, 열부종, 기타로 판단한다.

 폭염 대책을 마련하려면 정확한 온열질환자 수를 파악하는 것이 무엇보다 중요하다. 하지만 질병관리청의 온열질환 감시체계는 전국 응급실 운영기관 중 자발적 참여를 희망한 약 500개 의료

기관만이 모니터링에 참여하고 있어 전국에 걸쳐 발생하는 폭염 피해 중 일부만을 반영할 수밖에 없는 단점이 있다. 참여 의료기관 외 기관이나 자택 등에서 사망한 온열질환자는 집계되지 않는다.[5] 폭염으로 급사해 응급실까지 갈 수 없었거나 온열질환이었다고 해도 다른 질환과 비슷한 증세를 보여 온열질환으로 분류되지 않는 경우도 발생한다.

온열질환 감시체계에 대한 법적 근거가 없고, 질병관리청이 자연재난과 폭염에 대한 주관부처가 아니기 때문에 온열질환과 관련한 모든 정보를 파악하는 데 어려움이 있다.[6] 하지만 온열질환은 신속한 모니터링이 중요하기 때문에 실시간으로 집계되는 응급실 내원 환자 중 폭염에 관한 환자를 파악할 수 있다는 점에서 의미가 있다고 할 수 있다.

반면, 통계청은 국민의 정확한 사망 원인 구조를 파악해 국민복지 및 보건의료 정책 수립에 활용하기 위해 '사망원인통계'를 수집한다. 여기에는 온열질환으로 인한 사망자 정보도 포함되며, 온열질환 여부는 질병관리청과 같은 기준으로 분류한다. 통계청은 전국의 읍·면·동 행정복지센터 및 시·구청에서 매년 1월 1일부터 다음해 4월 30일까지 수집한(16개월 방식) 사망자 중 기준연도의 사망자를 집계해 다음해 10월 통계집으로 배포·공유하고 있다. 통계청 정보는 온열질환에 의한 사망자를 비교적 정확하게 파악할 수 있는 장점이 있다. 그러나 사망자를 집계하는 데 약 1년 이상의 시간이 소요되어 실시간 폭염 대응에는 한계가 있다.[7]

문제는 두 통계에서 집계한 폭염 사망자 수의 차이가 너무 크다는 점이다. 역대 최악의 폭염으로 기록된 2018년 질병관리청이 발표한 온열질환 사망자는 전국적으로 48명이었다. 하지만 이듬해에 통계청이 산출한 온열질환 사망자 수는 162명으로 3배 이상 많았다. 비교 가능한 가장 최근 연도인 2023년의 경우도 통계청이 집계한 사망자는 85명, 질병관리청은 32명으로 큰 차이를 보였다.

2019년부터 통계청의 '사망원인통계'를 근거로 한 온열질환자 사망자 통계가 국가 승인 통계인 '재해연보'에 기재되고 있다. 통계청 자료가 공식적이고 현실을 반영하는 것임에도 문제는 집계 결과가 폭염에 대한 사람들의 기억이 희미해질 때쯤인 다음해 10월에야 나온다는 점이다. 올해 폭염으로 인한 사망자 수를 내년 가을에 알 수 있기 때문에 무더위로 인한 인명피해를 막기 위한 실시간 대책은 질병관리청 자료를 바탕으로 세울 수밖에 없다.[8]

질병관리청의 통계는 '과소추계' 된다는 단점에도 불구하고 꼭 필요하다. 질병관리청은 온열질환자의 성별, 연령, 지역, 직업, 발생 시간과 장소까지 자세하게 조사하기 때문이다. 이렇게 파악한 내용은 폭염 대책 수립과 평가에 활용될 수 있다. 통계청의 자료 역시 공식적인 지표로서 폭염 인명피해의 현황과 추세를 확인하고 장기적인 대책을 마련하기 위해 꼭 필요하다.

물론 통계청의 사망 원인 통계로도 파악하지 못하는 폭염 피해자가 있을 수 있다. 폭염의 간접적인 영향으로 인해 건강이 악화해 사망한 이들 등을 더하면 사망자는 훨씬 더 많을 것으로 추정된다. 통상적으로 대부분의 국가는 공식적으로 폭염이 선포된 날에 발생한 사망자 수가 폭염이 선포되지 않은 유사한 시기의 사망자 수 평균을 얼마나 초과했는지 집계하는 방식을 사용한다.

유럽 등 주요 국가는 폭염 기간에 평소 대비 늘어난 '초과 사망자'를 폭염으로 인한 사망자로 집계하고 있다. 이런 기준으로 집계한 결과 2022년 유럽에서 폭염으로 사망한 사람은 6만1천여 명, 2023년에는 4만7천여 명에 이른다. 국가별로는 이탈리아가 1만2,743명으로 가장 많았고, 스페인 8,352명, 독일 6,376명, 그리스 4,339명, 프랑스 2,734명, 루마니아 2,585명 등이 뒤를 이었다.[9] 폭염으로 인한 초과 사망자 수를 매일 집계하는 일본도 매년 1,200~1,500명의 사망자가 발생한 것으로 집계된다.[10] 한국에서 한국 방식으로 집계한 온열질환 사망자 수가 가장 많았던 2018년 48명(질병관리청), 162명(통계청)과 일본 현황을 비교하면 많게는 30배 이상 차이를 보인다. 2018년 폭염으로 인한 온열질환자와 초과 사망자를 분석한 연구에 따르면, 폭염으로 인한 초과 사망자는 약 929명으로 추정되었다.[11] 국제적인 기준과 국내 현실에 좀 더 가까워진 숫자라 할 수 있다.

폭염으로 인한 초과 사망자는 주로 심혈관질환, 만성 호흡기질환, 당뇨병 같은 대사질환이나 비만 등의 기저질환이 있는 집단, 노인, 영유아, 임산부 등의 민감 집단, 그리고 폭염에도 야외에서 노동하는 고노출 집단 같은 취약 집단에서 집중적으로 발생한다.

폭염으로 인한 초과 사망은 개인별로 인과관계를 확인하기는 어렵지만, 역학적인 방법으로 그 규모와 분포를 비교적 정확하게 추산할 수 있으므로 국가와 지역사회 수준에서 폭염 관련 대책을 수립하는 데 매우 중요하고도 필수적인 자료다.[12] 과다 집계될 가능성이 제기되지만, 올해 더위로 인한 초과 사망자 수가 예년에 견주어 유의할 만큼 많은지 등을 파악할 수 있고, 폭염은 온열질환에 의한 사망뿐 아니라 심뇌혈관·호흡기·뇌혈관 등 다양한 질환에 따른 사망을 증가시키는 만큼 추세를 신속히 분석해 정책에 반영하는 것만으로도 취약계층 인명피해를 줄일 수 있다.[13]

폭염 피해 통계마다 장단점이 있을 수 있다. 폭염 사망의 진실이 담긴 숫자가 필요한 때다.

폭염은 결코
평등하지 않다

살기 힘들수록 더 위험한

 분명한 것은 폭염이 심각해질수록 온열질환자와 사망자가 빠르게 늘어날 것이라는 점이다. 또한 개인이 처한 경제적·사회적 환경이나 신체적 대처 역량이 다르므로 건강 피해도 불평등하게 나타날 것이다. 폭염과 같은 재난은 노인과 저소득층, 야외노동자, 농업종사자, 기저질환자 등 폭염 취약계층(민감 계층)에 더 가혹하다.

 질병관리청에서 온열질환 감시체계를 운영하기 시작한 2011년부터 2024년까지 누적 통계를 보면, 온열질환자는 50대가 5,312명(21.4%)으로 가장 많았고, 60대 4,075명(16.4%), 40대 3,890명(15.7%) 순이었다. 60세 이상의 비율은 37.6%였다. 2024년 기준 연령대별 인구 10만 명당 온열질환자는 80대 이상이 15.4명, 70대 10.6명, 60대 8.7명, 50대 8.2명 순이었다. 온열질환 사망자를 연령대로 보면, 80세 이상이 76명(31.9%)으로 가장 많았고,

70대가 50명(21.0%), 50대 36명(15.1%), 60대 30명(12.6%)의 순이었다. 60세 이상 연령대가 65.5%(156명)를 차지할 정도로 고령층의 사망률이 높았다. 노년층일수록 폭염에 더 취약하다는 것을 알 수 있다.

온열질환자를 장소별로 살펴보면, 실외 작업장에서 온열질환자가 7,702명(31.0%) 발생해 가장 많았으며 이어 논밭(14.6%)과 길가(11.2%), 집(8.0%), 실외 기타(7.8%), 실내 작업장(6.7%)의 순으로 온열질환자가 많이 발생했다. 폭염이 일터인 야외 작업장과 논밭에서 일하던 노동자와 농민을, 실내에서는 집에서 쉬던 취약계층을 노린 것이라 할 수 있다. 폭염 사망이 발생한 장소를 보면, 논밭이 76명(31.9%)으로 가장 많았고, 집 35명, 길가 33명, 작업장 27명, 주거지 주변도 23명으로 사망자가 많았다. 농촌의 고령화로 폭염에 논밭에서 일하던 노인들이 많이 사망한 것으로 추정된다.

온열질환자 발생 장소와 연령을 함께 볼 수 있다면 폭염으로 인한 피해를 더 자세하게 알 수 있을 것이다. 질병관리청은 발생 장소별 및 연령별 온실질환 신고 현황을 연 단위로 연보에 제공하고 있다. 누적된 영향을 살펴보려면 누적된 통계를 들여다봐야 하지만 1년 단위 정보로는 한계가 있다. 이에 관련 정보를 제공하기 시작한 2014년부터 2024년까지의 발생 장소별·연령별 온열질환자와 사망자 현황을 취합해 정리한 결과, 50대는 야외 작업장에서, 60대 이상은 논밭에서 온열질환을 가장 많이 겪고 있는 것으로 나타났다. 노년층의 경우는 집에서도 온열질환에 시달렸는데, 이는 폭염에 취약한 노인층이 냉방 시설이 부족한 주거공간에 머물고 있기 때문으로 추정된다.

온열질환자와 사망자를 비교하면, 논밭 사망자 비율이 높다는 것을 알 수 있다. 이는 주로 도심에 위치하고 현장 동료들이 신고 이후 응급처치 등이 가능한 실외 작업장에 비해 농촌은 응급의료 인프라가 도심보다 열악하고 홀로 논밭에서 작업을 하는 고령층의 비율이 높기 때문으로 보인다.[1] 실제 논밭에서 사망한 온열질환자의 85.2%가 60세 이상의 고령자였고, 실외 작업장에서 사망한 이들의 70.8%는 60세 미만이었다. 실내 사망 장소로 가장 비중이 큰 집에서도 60세 이상의 고령층 비율이 86.2%로 높았다. 이 역시 홀로 사는 노인이 주요 사망자일 것으로 판단된다.

폭염에 따른 온열질환 사망은 일용직 노동자 등 저소득층과 고령인구에 집중되고 있다는 점에서 사회적 재난에 가깝다. 사망자의 상당수가 노인이고 사망 장소가 논밭이라는 점은 여러 의미를 내포한다. 노인층은 빈곤율이 높고 만성질환을 앓는 경우도 많아 폭염에 가장 취약한 계층인데, 이들이 무더위에도 작업을 하는 이유는 생계가 달려 있기 때문이다.

노인들은 폭염에 집에서 사망한 사례도 많았다. 노인과 저소득층은 일반 인구 집단보다 에어컨 보유율도 낮지만, 에어컨을 보유하고 있더라도 전기요금 부담 등의 이유로 에어컨을 잘 사용하지 못하는 경우가 많았다.[2] 특히 저소득층은 더위를 피하기 위해 집이 아닌 다른 장소가 필요한 경우가 많았다. 집이 폭염을 견디기에는 열악하고 에어컨을 돌리기에는 경제적인 부담이 있기 때문일 것이다.

이와 같은 상황에서 국가에서 제공하는 대책은 무력하다. 여름철에 운영하는 쉼터는 취약계층이 찾기에는 너무 멀거나 어딘지 모르는 경우가 태반이다. 기본적으로 이동권의 문제가 있는 노인들을 대상으로 쉼터까지 찾아가라는 발상 자체가 탁상행정이라는 지적이다. 더욱이 당국의 행정력은 도시가 아닌 시골로 갈수록 더 떨어진다. 폭염으로 외출을 자제하라는 재난문자도 평소 휴대전화를 잘 사용하지 않고 문자가 왔는지도 몰랐을 노인들에게는 무용지물이다.[3]

무더위를 피할 수만 있다면

 직업별로는 단순노무 종사자에서 온열질환이 2,978명으로 가장 많이 발생하고 있다. 다음으로 무직(1,566명), 농림어업(1,231명)의 순인데, 단순노무 종사자의 2분의 1 수준으로 큰 차이를 보인다. 단순노무 종사자의 온열질환자 통계가 2019년에 추가되었기에 직업별 비교를 위해 2019년부터 2024년까지의 누적 현황을 비교했다. 직업 정보에 관해서는 조사 부족으로 기타와 '알 수 없음' 항목으로 분류된 피해자도 많았다. 직업별 온열질환으로 인한 사망자는 무직이 36명으로 가장 많았고, '알 수 없음'이 23명, 농림어업 20명, 단순노무 14명의 순이었다. 저소득층과 농업 종사자, 야외에서 일하는 노동자들이 폭염에 쉽게 노출되고 취약하다는 것을 알 수 있다.
 직업별 연령별 통계를 보면, 온열질환자는 40~60대 단순노무 종사자에 집중되어 있다. 50대가 897명으로 가장 많고, 40대 601

명, 60대는 563명이었다. 단순노무에 종사하는 노동자도 461명으로 많았다. 그만큼 야외 작업장에서 일하는 노동자들이 폭염에 가장 많이 노출되고 있는 것으로 분석된다. 무직인 70대와 80세 이상 온열질환자도 각각 450명과 641명으로 많았는데, 이는 열악한 주거환경에서 기인한 것으로 추정된다.

실제로 2024년에도 폭염에 노동자들이 쓰러졌다. 학교 급식실에서 에어컨 설치 작업을 하던 20대 노동자가 온열질환으로 숨졌다. 배수시설 작업 현장에서도 노동자가 열사병으로 사망했고 부산의 건설 현장에서 60대 노동자가 열사병으로 목숨을 잃었다. 살인적인 더위가 지속되면서 건설 현장 곳곳에서는 온열질환자들이 속출했다. 근로복지공단이 국회에 제출한 '온열질환 산업재해 승인 현황'에 따르면 2018년부터 2023년까지 폭염으로 인한 온열질환 산업재해는 147명이었는데, 이 중 건설업에서 70명(48%)이 발생했다. 특히 온열질환 사망자 22명 중 15명(68%)이 건설노동자였다.[4]

정부는 2024년 5월 '폭염 대비 근로자 건강보호 대책'을 내놓는 등 온열질환 예방 가이드라인을 마련했다. 가이드라인에 따르면, 체감온도가 31도를 넘으면 각 사업장은 물·그늘·휴식을 제공해야 하고, 33도 주의 단계가 넘으면 매시간 10분씩 휴식 시간을 제공해야 하며, 35도 경고 단계가 넘을 경우 매시간 15분씩 휴식과 무더위 시간대인 오후 2~5시에 작업을 중단해야 한다.

문제는 정부의 가이드라인이 '권고'에 그쳐 현장에서 작동하기가 어려웠다는 점이다. 전국민주노동조합총연맹 건설노동조합이 2024년 7월 말 건설노동자 1,575명을 대상으로 한 설문조사에 따르면, 폭염에 노동하면서도 노동자 15%가 물조차 제공받지 못한 것으로 나타났다.[5] 폭염특보 발령 시 매시간 10~15분의 규칙적인 휴식을 취하는 노동자들은 18.5%에 불과했으며 폭염경보 때는 오후 2~5시에 옥외 작업을 중지하게 되어 있지만 80.6%는 별도의 중단 없이 일하는 것으로 나타났다. 폭염으로 작업 중단을 요구한 노동자는 11%에 그쳤고 89%가 요구한 적 없다고 답했다. 대다수가 현장에서 쫓겨날까 봐(26.2%), 해봐야 안 되기 때문(30%)이라는 이유에서다. 실제로 요청했지만 거부당했다는 노동자도 26.2%에 달했다.

2024년 9월 26일 국회는 산업안전보건법 제39조를 개정해 사업주가 폭염과 한파에 따른 노동자들의 건강장해를 예방해야 할 의무를 부과했다. 개정된 산업안전보건법 시행(2025년 6월 1일)을 앞두고 고용노동부는 2025년 1월 23일 산업안전보건기준에 관한 규칙 일부개정령안을 입법예고했다. 개정령안은 폭염·폭염 작업 정의 신설, 실내 폭염 작업 시 조치 규정, 폭염 작업 시 온열질환 예방 조치 규정, 폭염 작업 시 휴식 시간 부여 등의 내용을 담고 있다. 권고에 불과했던 체감온도에 따른 사업주가 해야 할 조치 내용이 안전보건규칙 개정으로 법적 강제성을 확보하게 되었다.

하지만 개정법과 개정령안이 폭염으로 인한 노동자의 건강 피해를 막기 어렵다는 지적이 제기된다. 핵심적으로 노동자들이 스스로 위험에 대응할 수 있는 '작업중지권' 조항이 최종 개정안에서 삭제되었고, 배달·택배·이동노동 등 특수고용 노동자가 배제되었으며, 건설 현장에 냉방기 설치는 제외되고 연속공정의 경우 의무 적용에서 제외되는 등 실효성 있는 대책이라 보기 어렵다는 것이다.

선풍기 놓을 공간도 없는

 폭염은 기상학적 요인 이외에도 도시열섬과 인공열에 의해 발생하거나 더욱 심해질 수 있다. 도시열섬현상은 도시의 기온이 주변 지역보다 높아 '뜨거운 섬'처럼 되는 현상을 말한다. 이 현상은 도시가 급속히 성장하고 산업화하면서 녹지 면적이 감소하고 건물과 도로 같은 인공 구조물들이 태양열을 흡수하고 축적하면서 발생한다.

 도시에는 고층빌딩이 밀집해 있고 대부분 도로가 포장되어 있어 콘크리트와 아스팔트, 벽돌 등 태양열을 더 많이 흡수하는 소재로 꽉 차 있다. 콘크리트 소재 건물은 한낮의 열에 달구어지면 에어컨을 틀지 않고는 도저히 생활하기 어렵다. 입체적인 빌딩숲은 풍속을 저하시키고 야간에도 축적된 열기를 방출하며 도시 내부는 시원해지지 못하고 여름철이면 낮과 밤의 온도가 모두 상승한다. 여기에 자동차 엔진에서 나오는 열, 에어컨 실외기가 뿜어내는 열, 심지어 사람들의 신진대사에 의한 열까지 도시의 기온을 높인다. 기상청이 2023년 8월에 조사한 결과 햇볕이 내리쬘 때 콘크리트나 보도블록으로 된 도시의 지면 온도는 최고 45~55도까지 치솟았다.[6]

대도시가 많은 한국은 해마다 폭염에 더한 열섬 현상이 빠르게 증가하고 있다. 특히 서울은 전 세계 20개 주요 도시 중 지난 30년간 폭염일수 증가율이 7360%로 가장 가파른 것으로 분석되었다.[7] 한국은 최근 10년 사이 급격하게 온도가 올랐다. 10년 단위로 보면 1994~2003년 9일에 불과했던 폭염일수는 2004~2013년 17일로 늘었고, 2014~2023년에는 58일로 뛰었다. 최근 30년 폭염일수 전체 84일 중 60%가 최근 6년 안에 발생했다.

기상청이 분석한 결과도 일맥상통한다. 전 세계 메가시티를 조사한 결과, 2000년과 비교해 2020년 서울의 폭염 위험성(폭염일수와 인구밀도로 구성)이 2.7배 증가했다.[8] 폭염 위험성 증가율은 싱가포르가 가장 높았고 상하이, 런던, 도쿄에 이어 서울이 5위를 기록했다. 폭염 위험성 상승에는 기온뿐 아니라 인구밀집도도 영향을 미친다. 싱가포르 같은 경우 기온도 높지만, 인구 증가 속도가 매우 빨라 폭염 위험도가 급속히 증가했다. 폭염 위험성이 높은 메가시티들을 살펴보면 상당수가 바다를 끼고 있다는 특징도 있다. 해수면 온도가 올라가면서 폭염 발생 빈도 등이 높아진 것이다. 동아시아 지역의 주요 도시들의 폭염 위험성이 세계 주요 도시들 대비 크게 증가하는 특징을 보였는데, 이는 폭염의 증가와

도시화로 폭염 재난 위험성이 가속화되고 폭염 피해가 대형화된다는 것을 의미한다.

같은 도시 안에서도 폭염은 불평등하다. 집은 모두에게 가장 안전한 공간이어야 하지만, 누군가에게는 폭염과 같은 극한 상황에서 바깥보다 위험한 장소가 된다. 폭염에 안전하지 않은 집들은 어느 지역에 몰려 있고, 어떤 이들이 거주하고 있을까? 환경단체인 환경정의는 2021년에 서울시 423개 행정동의 폭염일수와 에너지효율이 낮은 단독 및 다세대·다가구 주택 비율, 노인, 기초생활수급가구 등 인구사회학적 지표를 종합 분석해 '폭염 불평등 점수'로 환산했다.[9] 불평등 점수가 높을수록 폭염에 취약한 계층과 집이 더 많다는 의미다.

분석 결과, 폭염 불평등 점수는 강남에서 낮았고 강북·도봉·중랑 지역에서 높았다. 폭염 불평등 점수가 높은 상위 10%에는 강북구(송천동 등 6개 동)와 도봉구(창3동 등 6개 동), 중랑구(묵2동 등 5개 동) 등 44개 동이 해당되었다. 이들 지역은 서울 서초구나 송파구, 강남구 등 동남부 지역보다 상대적으로 폭염일수가 적었음에도 불구하고 에너지효율이 낮은 단독·다세대 주택에 거주하는 이들이 많고, 폭염에 민감한 65세 이상 노령인구와 독거노인, 기초생활수급자 등 저소득층, 장애인 비율이 높았다.

같은 서울에 산다고 해도 냉난방 시설을 잘 갖춘 아파트에 사는 사람과 에어컨이 있는데도 작동하지 않는 사람, 에어컨이 아예 없는 사람이 받는 폭염 영향은 평등하지 않다. 이런 불평등은 불평등 점수가 높은 곳과 낮은 곳에서의 1인당 전기 사용량에서도 나타났다. 폭염 불평등 점수 상위 10%인 동네가 가장 많은 강북구의 1인당 전기 사용량(7월 한 달 기준)은 122.4킬로와트시(kWh)로, 서울 25개 자치구 중 가장 낮았다. 이렇게 폭염에도 적정 냉방을 하지 못하는 계층은 온실가스 배출 책임은 상대적으로 적지만 온열질환에 걸릴 가능성은 높다.

폭염 불평등의 실상이 가장 적나라하게 드러나는 곳이 쪽방촌이다. 도심 내에 위치한 쪽방촌은 고층빌딩 숲에 둘러싸여 있다. 기온이 오를수록 빌딩에서 뿜어내는 에어컨 실외기 열기가 쪽방촌을 달군다. 밀집해 있는 탓에 바람도 잘 통하지 않아 열을 가둔다. 빌딩들 사이에 갇힌 쪽방촌은 그야말로 열섬이 된다. 서울의 평균기온이 29도일 때, 쪽방촌 지붕의 표면온도는 65도까지 치솟아 인근 아파트 표면온도(평균 30도)의 2배를 넘기도 한다. 쪽방촌의 낡은 지붕은 폭염의 열기를 거의 그대로 흡수한다. 표면이 뜨거우면 실내도 뜨거울 수밖에 없다.

한국환경연구원에서 조사한 결과에 따르면, 한여름 쪽방의 실내 최고 온도는 34.9도로, 단독주택이나 아파트보다 평균 3도가량 높았다.[10] 쪽방은 슬레이트 지붕에 벽돌과 조립식 패널로 대충 방을 만들어 단열 효과가 크게 떨어지는 데다 냉방시설까지 부족하다. 2024년 6월 기준으로 종로구 내 쪽방촌의 에어컨 보급률은 창신동이 6.3%(238개 방 중 15대), 돈의동이 13.0%(730개 방 중 95대)에 그쳤다.[11] 여름철 폭염특보가 발효되면 정부와 지자체는 야외활동을 자제하고 실내에서 머물기를 권고하지만, 쪽방촌은 예외다.

　폭염과 주변 빌딩의 인공열, 단열에 취약한 주거환경까지 쪽방촌 주민들은 폭염과 주거 불평등이라는 이중의 위험에 내몰리고 있다. 쪽방촌 주민이 "지구를 망친 건 에어컨 빵빵 틀고 큰 차를 타고 다닌 사람들인데, 왜 피해는 에어컨은커녕 선풍기 놓을 공간도 없는 우리 주민들이 당해야 하냐?"라고 묻고 있다.[12]

우리가 알던
장마가 아니다

이 비의 이름은 장마가 아니라

2020년은 기상관측망이 전국에 확충되어 각종 기상 기록 기준이 되는 1973년 이후 장마 기간이 가장 긴 해였다. 중부지방에서 장마는 6월 24일 시작해 8월 16일에 종료될 때까지 54일간 지속되었다. 중부지방의 장마 기간은 평년 기준 31.5일로, 평년보다 23일이나 더 길었다. 제주 지역의 장마도 49일간 지속되어 최장기간 장마로 기록되었다. 장마철 기간이 길어지면서 전국 강수량은 701.4㎜로 평년 356.1㎜보다 2배 가까이 많았으며, 2006년 704.0㎜ 이은 역대 2위를 기록했다.[1] SNS 등 온라인에서는 '#이_비의_이름은_장마가_아니라_기후위기입니다' 라는 문구가 유행하기도 했다.

기상청은 한국에 유입된 찬 공기가 북태평양고기압(온난 습윤)의 북상을 막으면서 장마전선이 정체되어 장마가 길어졌다고 분석했다. 동시베리아 지역의 기온이 평년보다 높아져 대기 흐름을 막는 '블로킹(온난고기압)' 현상이 발생했다. 북극의 기온이 높아져 극지방 주위를 도는 제트기류가 약해지면서 극지방의 찬 공기가 한국이 위치한 중위도까지 내려왔다. 예년이면 장마전선을 밀고 올라갈 북태평양고기압이 찬 공기에 막혀 북상하지 못하고 한반도에 오랜 기간 정체되어 있었다는 것이다.[2] 8~9월 들어서는 태풍 4개가 연달아 우리나라에 영향을 미치면서 집중호우가 발생했다. 태풍과 호우로 인한 재산 피해는 1조2,585억 원, 인명피해는 46명에 달했다. 이는 최근 10년(2010~2019년) 연평균 피해(재산 3,883억 원, 인명 15명) 규모의 3배를 넘는 수치였다.[3]

장마는 우리나라에서 보통 6월 하순부터 7월 하순까지 계속해서 많이 내리는 비로, 기상학적으로는 정체 전선의 영향을 받아 비가 오는 경우를 의미한다. 세력은 비슷하지만 성질은 반대인 기단이 충돌해 정체 전선이 형성되며 비가 내리는 일은 꼭 여름이 아니어도 언제든 일어난다. 다만 6월 중하순부터 한 달간 같은 구조로 장기간 비가 내리는 현상이 매년 반복되기에 장마라는 이름을 붙이고 다른 비와 구분한다.

장마는 여름철 우기의 본격적인 시작을 의미하며, 여름철 자연재해를 일으키는 대표적인 현상이다. 장마철 호우가 주로 집중되는 7월에 호우재해가 발생하는 빈도는 연 전체의 65%를 차지하고 있으며, 우리의 일상생활은 물론 산업과 경제활동에도 많은 영향을 끼친다. 여름철 강수량의 절반 정도를 차지하는 장마철 평년 수준(300~400㎜)의 비는 약 2,400억 원의 긍정적인 경제적 효과도 있으며, 최근 기후변동성이 큰 가운데 장마철 비의 양은 수자원 확보 측면에서도 매우 중요한 의미가 있다. 마른장마 때처럼 장마철 강수량이 적은 해에는 이듬해 장마 때까지 심각한 가뭄에 직면할 수 있다.[4]

집중호우에서 극한 호우로

 2022년에 이어 2023년의 전국 평균 장마 강수량은 660.2㎜에 달해, 1973년 이래 세 번째로 많았다. 남부지방만 보면 712.3㎜로 역대 장마철 강수량 1위를 기록했다. 장마 초반부터 북태평양고기압이 평년에 비해 북서쪽으로 확장해 그 가장자리를 따라 고온다습한 공기가 다량 유입되었고, 상층 기압골이 정체되면서 중규모 저기압의 발달을 유도해 많은 비가 내렸다. 7월 중순에는 정체 전선이 매우 활성화되고 남부지방에서 장기간 정체되어 강하고 많은 비가 내렸다.[5]

 장마철 집중호우가 빈번해지고 있다는 점은 우려된다. 2023년에는 특히 청양(666.0㎜), 익산(596.5㎜), 세종(596.4㎜), 그리고 청주(529.6㎜) 등에 단 6일 동안 500㎜ 이상의 폭우가 내렸고, 군산은 7월 14일 하루 만에 372.8㎜의 비가 한꺼번에 쏟아져 내렸다. 한 달 동안 내릴 장맛비가 단 하루 동안 내린 셈이다. 2023년도 장마 강수량은 역대 3위에 오를 정도로 많았지만, 장마철 중 실제 비가 내린 날(22.1일)은 10위였다. 비가 올 때 많은 양이 쏟아졌다는 의미로 장마 강수량을 강수일로 나눈 값이 30.6㎜로 역대 최고였다. 2023년 장마철 집중호우와 태풍으로 인한 재산 피해는 8,071억 원, 인명피해는 53명에 달했다. 특히 재난에 취약한 장·노년층(81%, 43명)의 피해가 컸다.

최근에는 시간당 100㎜ 이상의 폭우가 거의 매년 반복되고 있다. 2024년 군산 지역에 내린 146.0㎜의 강수량은 지역 통계를 기준으로 200년에 한 번 올 양이었고, 2022년 8월 서울 강남 지역을 잠기게 한 폭우의 시간당 최대 강수량인 141㎜는 서울 지역을 기준으로 했을 때 500년에 한 번 내릴 수 있는 양이었다.[6]

확률적으로는 수십 년에서 수백 년에 한 번 내려야 할 비가 반복되면서 한반도의 강우 양상이 바뀐 것 아니냐는 관측이 나온다. 기상청에서는 2023년 6월 15일부터 '극한 호우'라는 개념을 도입했다. 그동안 통용되던 '집중호우'라는 개념이 최근의 극단적인 폭우 현상을 담아내지 못하기 때문이다. 극한 호우는 1시간 누적 강수량이 50㎜ 이상, 3시간 누적 강수량 90㎜ 이상인 기준을 동시에 충족하거나 1시간 누적 강수량이 72㎜ 이상인 경우를 뜻한다. 극한 호우 시에는 행정안전부를 거치지 않고 기상청이 직접 긴급재난문자를 발송하고 있다.

특히 2024년 장마철에는 좁은 영역에서 매우 강한 비가 내리는 경향이 나타났다. 북태평양고기압 가장자리를 따라 유입된 수증기와 우리나라 북쪽에 유입된 상층의 찬 공기가 정체 전선 상에서 충돌하면서 비구름이 강하게 발달해서 좁은 지역에 강하게 내리는 비가 자주 발생했다. 1시간 최다강수량이 100㎜가 넘는 사례가 9개 지점에서 관측되었다.[7]

장마가 길어지는 이유

 장마는 통상 6월 말에 시작해 7월 중·하순이면 끝났다. 이는 한국과 중국, 일본 등 사계절이 뚜렷하면서도 물이 많이 필요한 쌀을 주식으로 해온 동북아 특유의 자연현상이었다. 장마는 농경시대에는 하늘이 내린 축복이었다. 장마전선이 오르락내리락하며 빗물과 햇빛을 고르게 분산시켰기 때문이다.[8]

 이처럼 우리나라의 주요 강수 시기인 장마는 동아시아 몬순 시스템의 일부다. 몬순은 아랍어 'Mausim'(마우심)에서 유래한 말로 '계절'이라는 뜻이다. 몬순은 바다와 대륙이 만나는 곳에서 생기는데, 육지와 바다의 온도차에 따라 겨울에는 대륙에서 바다로, 여름에는 바다에서 대륙으로 계절풍이 부는 현상을 말한다. 파키스탄과 인도 등 남아시아 일대와 한국을 포함한 동아시아 등 아시아의 많은 국가가 몬순 기후의 영향을 받는다. 특히 몬순은 여름철이 되면 바다에서 수증기를 몰고 와 육지에 많은 비를 내리게

한다. 한국에 장마로 불리는 여름철 집중호우 현상이 발생하는 것도 이런 이유에서다.[9]

여름철 우리나라를 포함하는 동아시아 지역은 남쪽의 온난습윤한 공기와 북쪽의 찬 공기가 만나서 형성되는 정체 전선의 영향을 받는다. 전선이 걸쳐 있는 지역에는 강한 남서풍으로부터 습윤한 공기의 유입량이 증가하고 장기간 많은 양의 비가 내린다. 이렇게 우리나라에서 장마라고 부르는 비를 중국은 '메이유', 일본에서는 '바이우'라고 부른다. 매화나무의 열매인 매실이 5, 6월 열릴 때 내리는 비를 의미한다.[10]

그런데 최근 수년 새 장마의 모습이 예측 불가능하게 바뀌고 있다. 그동안 우리가 알던 장마가 아닌 장마가 최근 반복해서 나타나고 있다. 2020년 역대 최장기간 장마 이후 이듬해에는 역대 세 번째로 짧은 장마가 나타났고, 2021년과 2022년에는 장마가 끝난 뒤 비가 더 많이 내렸다. 최근 3년 동안에는 매우 짧은 시간 동안 특정 지역에 집중되는 극단적인 비(극한 호우)가 내리는 현상이 계속되고 있다. 8월은 물론 9월까지도 예측하지 못한 돌발성 호우가 이어지는 양상이다. 이를 두고 '가을장마'나 '2·3차 장마'도 모자라 '4차·5차 폭우'라는 이름까지 붙었다.

이런 변화에 기상 전문가들 사이에서 장마 대신 '우기'라는 말을 쓰자는 의견이 제기되었고 기상청도 이를 검토하고 있다.[11] 기후변화로 동북아시아 장마의 전통적인 패턴이 깨지고, 예측하기 어려운 폭우가 잦아지면서 아열대성 우기에 가까워지고 있기 때문이다. 기상청과 학계는 장마라는 용어를 공식적으로 거의 쓰지 않는다. 기상청은 장마의 시작과 끝을 알리는 예보를 중단했다. 대신 그때그때 호우 예보만 하고 있으며, 6~7월 며칠간 비가 오면 관례대로 '장맛비'로 표현하는 정도다.[12]

기후변화가 심화하면서 여름철 장마 기간 짧은 시간에 많은 비를 집중적으로 쏟아내는 극한 호우는 뉴노멀이 될 것으로 전망된다. 지구온난화의 영향으로 대기의 습윤 정도가 커지면서 정체 전선이 머무는 곳에 세찬 비가 집중적으로 쏟아지는 현상이 늘어날 것이라는 의미다. 실제로 여름철 시간당 30㎜ 이상 집중호우 빈도는 최근 20년(2001~2020년) 사이 1970~1990년대보다 20% 증가했다. 지난 60년간 하루 100㎜ 이상의 집중호우 빈도 역시 꾸준히 우상향하는 모습을 보인다.[13]

최근 추세를 반영하면 새로운 기준이 좀더 명확해질 것이다. 해수면 온도 상승도 극한 호우의 주요 원인으로 제기된다. 지난 57년간(1968~2024년) 한반도 해역의 표층 수온은 1.58도 상승해 전 지구 표층 수온 상승도(0.74도)보다 2배 이상 빠르게 증가했다.[14] 해수면 온도가 상승하면서 수증기가 넓게 퍼져 지속적인 비를 유발하는 층운형 구름이 아니라 위로 쌓여 강한 비를 유발하는 적운 형태로 만들어지는 경향이 강해지고 있는 것으로 분석된다.

또한 우리나라는 여름철 비의 60%가량이 '대기의 강'과 연관되는 것으로 추정된다. 특히 6월 하순 하루에 30㎜ 이상 강한 비가 오는 경우 77%가 대기의 강 영향을 받은 것으로 분석되었다.[15]

'대기의 강'은 지구의 대기 중에 농축된 거대한 수증기가 길고 좁은 형태로 이동하는 현상을 말한다. 길고 좁다고는 하지만 길이가 2천㎞ 이상이고 너비도 수백 킬로미터에 이른다. 대기의 강은 미국과 서유럽의 서쪽 해안 지역에 상륙해 종종 대홍수를 일으킨다. 동아시아에는 여름철 북태평양고기압의 북쪽 가장자리를 따라 자주 출현한다. 6월에는 중국 동남부 지역과 일본 남쪽 해상에서 대기의 강 빈도가 높으며 7월에 들어서면 북태평양고기압의 북쪽 확장과 더불어 한반도가 대기의 강 영향을 가장 많이 받는다. 실제로 대기의 강을 따라 막대한 수증기가 유입되었던 2020년과 2023년에 기록적인 폭우가 쏟아졌다.[16]

문제는 지구 대기와 해양 온도가 상승할수록 대기의 강이 훨씬 더 많은 수증기를 머금을 수 있는 만큼 훨씬 더 많은 비가 발생할 수 있다는 점이다. 미래 기후예측 프로그램들로 분석한 결과, 대기의 강 발생 빈도는 온난화가 심해질수록 증가하고, 전체 강수량에서 대기의 강 강수량이 차지하는 비율은 강수 강도가 증가할수록 높아질 것으로 전망되었다.[17] 특히 기후변화로 예측할 수 없는 폭우의 강도가 더욱 세지면서 기후 재난도 더욱 심각해질 것으로 예상된다.

잠기지 않는
집은 어디인가

그곳에는 여전히 사람이 산다

 단시간에 집중적으로 쏟아지는 기습폭우가 잦아지면서 주택과 도로 침수, 토사 유출 및 산사태, 급류 사고 등 피해가 늘어나고 있다. 2024년에는 200년 만의 극한 폭우로 5명이 사망했다. 시간당 100㎜가 넘는 많은 비가 내린 충남에서는 오피스텔 승강기 안에서, 산사태로 무너진 집에서 사람이 목숨을 잃었다. 경북에서는 폭우에 배송하던 노동자가 급류에 휩쓸려 사망했다. 2023년 여름에는 경북, 충남, 충북, 세종 등에서 폭우, 산사태, 급류로 50명이나 사망했다. 충북에서는 폭우로 17명이 사망했는데, 청주 지하차도에서 14명이 사망하는 참사를 겪었다.

 2022년에도 폭우와 태풍으로 28명이 목숨을 잃었다. 특히 포항과 수도권에서 많은 인명피해가 발생했다. 경북 포항시에서 태풍 피해로 9명이 사망했는데, 그중 아파트 지하 주차장 침수로 7명이 사망했다. 경기 화성시에서는 숙소로 사용하던 컨테이너가 폭우로 인한 산사태로 매몰되면서 이주노동자 1명이 사망했다. 서울 관악구와 동작구에서는 반지하주택 침수 피해로 4명이 사망했다. 관악구에서는 여성 노동자, 발달장애인, 아동으로 구성된 일가족 3명이 집 안으로 쏟아지는 빗물을 피하지 못해 목숨을 잃었다. 동작구에서는 침수된 반지하 집에서 빠져나오지 못한 50대 발달장애인 여성이 사망했다.

반지하는 저렴한 가격에 그나마 넓은 주거환경을 찾는 도시민들의 거처다. 하지만 볕이 잘 들지 않는 반지하는 호우에도 취약하다. 2022년 반지하주택 침수 참사는 주거 불평등이 삶의 질을 넘어 생존의 문제가 되는 현실을 드러낸 재난이었다. 그런데 반지하는 처음에 주거지로 만들어지지 않았다. 전쟁 대비를 위한 군사적 목적으로 마련된 공간이었다. 반지하는 유사시 방공호나 대피소가 필요했던 정부가 1970년 건축법을 개정하면서 본격 등장했다.

1970년 개정된 건축법은 인구 20만 명 이상인 도시에서 지상층 연면적이 200㎡인 건축물을 지으면 지하층을 만들도록 했다.[1] 사람들이 일자리를 찾아 서울로 몰려들던 1970년대 주택 부족이 심각해지면서 반지하는 건축법상 불법이었지만 암암리에 셋방으로 바뀌었다. 반지하 주거는 1975년 건축법이 개정되면서 승인되었다. 개정 전 건축법은 '주택의 거실은 지층에 설치해서는 안 된다'고 했으나 1975년 12월 '주택의 거실을 지표면 이하에 설치하고자 할 때는 환기 기타 위생상 지장이 없도록 해야 한다'로 바뀌었다.

절반 또는 그 이상이 지상에 드러나 있는 반지하주택은 1980년대 중반 들어 일반화되었다.[2] 정부가 1984년 건축법을 개정해 지하층으로 인정되는 '지하의 깊이'를 완화한 영향이 컸다. 기존에는 지하층 바닥에서 천장까지 높이 중 3분의 2 이상이 지하에 속해 있어야 했지만, 절반만 들어가 있어도 지하로 인정해준 것이다. 애초 설치 목적인 방공호 기능을 버리는 대신, 햇볕도 잘 들지 않고 습기가 많이 차는 지하 주거환경을 개선한다는 취지였다.

정부의 이런 조처는 반지하주택 확대의 결정적인 계기였다. 지하층 설치 의무 규정은 1999년 건축법이 개정되면서 사라졌지만, 서울의 주택난으로 인해 반지하주택은 계속 늘어났다. 하지만 장마철마다 침수 피해를 겪으면서 2012년에는 상습 침수지역의 반지하 신축을 제한하도록 건축법이 바뀌었다.

비극적인 사고 이후에도 여전히 사람들은 반지하에 살며, 또 다른 누군가는 반지하를 찾는다. 반지하주택은 환경이 열악하고 재해에 취약하지만, 서울의 높은 주거비 때문에 저렴한 주거공간을 찾을 수밖에 없는 사람들이 있다. 2020년 통계청 인구주택총조사에 따르면 전국에 32만7,320가구가 지하·반지하 집에 거주하고 있다. 그중 서울에만 20만849가구(61.4%)가 있다. 서울연구원이 조사한 결과, 2021년 12월 31일 기준 서울에는 20만2,741호의 반지하주택이 있는 것으로 추정되며, 이는 전체 가구의 약 5%를 차지한다. 모두 추정치다. 반지하는 건축물대장 공식 분류 항목에서 빠져 있어, 기준을 어떻게 설정하느냐에 따라 그 수치가 조금

씩 달라진다. 다만 서울시에 반지하주택이 집중되었다는 점만은 분명하다.[3]

서울에서 반지하주택이 가장 많은 자치구는 관악구(8%)이며 강북구와 은평구, 중랑구, 성북구, 광진구, 동작구 등이 뒤를 잇는다. 1990년 이전에 지어진 노후도가 높은 반지하주택의 비중이 높은 자치구는 금천구, 강동구, 서대문구, 은평구 등의 순이다. 반지하주택 물량이 많고 노후도 또한 높은 자치구는 은평구, 강북구, 성북구, 중랑구, 광진구, 동작구 등으로, 동작구를 제외하면 모두 강북 지역 자치구들이다.[4]

2010~2014년까지 5개년의 침수흔적도를 이용해 침수 지역을 보면, 전체 반지하주택 중에서 1회 이상 침수 지역에 해당하는 반지하주택은 1만9,730호(9.7%)이고, 2회 이상 침수 지역에 포함된 반지하주택은 2,542호(1.3%)다. 2회 이상 침수 지역 내 반지하주택이 가장 많은 자치구는 동작구로 621호(24.4%)이며, 양천구(427호, 16.8%), 관악구(420호, 16.5%), 강서구(380호, 14.9%), 서초구(264호, 10.4%) 등의 순이다. 전체 반지하주택 중 시간당 100㎜ 강우 시 침수가 예상되는 지역에 입지한 반지하주택은 1만5,102호(7.4%)로 나타났다. 침수 예상 지역 내 반지하주택 물량이 가장 많은 자치구는 관악구로 1,374호(9.1%), 강북구(1,367호, 9.1%), 동작구(1,308호, 8.7%), 은평구(1,295호, 8.3%), 성북구(1,245호, 8.3%), 중랑구(1,137호, 7.5%) 등의 순이다.

2022년 반지하주택 폭우 재난 이후 정부는 반지하 거주 가구에

보증금 무이자 융자와 공공임대주택을 우선 공급하겠다고 약속했다. 하지만 이듬해인 2023년 공공임대주택 예산을 역대 가장 큰 폭으로 삭감했다. 2022년 예산 대비 약 5조 원(24%)이나 줄였다. 여기에 확정된 예산조차 제대로 집행하지 않았다. 정부는 국회가 확정한 2022년 장기공공임대주택 예산을 20.3% 삭감해 집행했고, 2023년에는 36.2%를 줄인 예산을 집행했다. 2025년 정부가 저소득층 임대주택을 직접 짓는 건설공공임대주택 예산과 주택도시기금 재원을 활용해 기존 주택을 사서 국민기초생활보장수급자 등에게 임대주택으로 공급하는 매입공공임대주택 예산도 각각 전년보다 6.8%, 45.1% 줄었다.[5]

2022년 8월 침수 피해로 서울 반지하주택에서 사망자가 나온 뒤, 서울시는 '반지하주택 일몰제'를 추진해 장기적으로 지하·반지하주택을 없애겠다며 '반지하 매입' 등의 대책을 발표했다. 또한 반지하주택을 전수조사한 뒤, 필요한 곳에 물막이판이나 역류 방지 밸브 같은 침수 방지 시설을 설치하겠다고 했다. 반지하 거주자를 위한 서울형 주택바우처(월 20만 원씩 최장 72개월 지원)를 신설하고 공공임대주택을 공급하겠다고도 했다.

2023년 6월, 서울시는 2022년 8월부터 2023년 6월까지 반지하주택 23만7,619호를 전수조사한 결과 조사 대상 가구 중 12%인 2만8,439가구에 침수 방지 시설 설치가 필요하다고 밝혔다. 하지만 2024년 7월 8일 실제 물막이판 등이 설치된 비율은 '설치 필요' 가구의 54%(1만5,259호)로, 전체 반지하주택 가구의 6%에

그쳤다. 일부 임대인은 집값 하락과 미관 저해 등을 이유로 설치를 거부했다.[6]

반지하에서 지상으로 이주한 가구는 서울 전체 반지하가구 중 단 2%에 불과한 4,982가구에 그쳤다. 이 중 최대 20만 원 월세를 조건부로 지급하는 서울시의 주택바우처로 이주한 가구는 786가구에 불과했다. 서울주택도시공사는 도심 저소득층을 위한 매입임대주택 공급계획을 대폭 줄였고, 반지하 매입 실적을 부풀려 발표하기도 했다. 정부와 서울시의 계획은 제대로 이행되지 않았다.[7] 이렇게 침수 예상 지역 내 반지하에는 여전히 사람이 산다.

떠나고 싶지만 떠나지 못한 채

 재난에 취약한 주거 형태는 반지하뿐만이 아니다. 고시원과 옥상(옥탑)에서도 화재와 폭염 등 재난으로 인한 사망사고가 끊이지 않았다. 2018년 11월 종로 고시원 화재로 7명이 사망했고, 2022년 4월에는 영등포구 한 고시원에서 화재가 발생해 기초생활보장 수급자 2명이 목숨을 잃었다. 2021년 7월 서대문구 옥탑방에서 혼자 살던 장애인이 폭염이 계속되는 가운데 사망했고, 2021년 11월에는 부천시 옥탑방에서 80대 노인이 화재로 사망했다.
 반지하주택이 폭우로 피해를 본다면, 고시원은 화재로 인한 사고 위험이 크다. 옥상 주거는 무단 증축한 불법건축물인 경우가 많다. 옥탑방은 대부분 샌드위치 판넬로 설치된 구조물로 화재에 취약하고 창문이 작고 단열과 환기 시설이 미비해 폭염과 한파에 취약하다. 거주민의 생명과 건강을 위협하는 이런 비적정 주거 형태들은 지하(반지하), 옥탑방, 고시원의 앞 글자를 따 '지옥고'라

불린다.

지옥고(지하·옥탑방·고시원)로 묶이지만, 주거 형태별로 증가와 감소 변화는 대조적이다. 반지하 거주 가구는 감소했는데, 고시원을 포함한 '주택 이외의 거처' 가구가 급증하면서 전체 지옥고 거주 가구 규모는 증가하고 있다.

반지하 거주 가구는 2005년 58만6,649가구에서 2020년 32만7,320가구로 대폭 줄었다. 반면 주거환경이 양호한 오피스텔을 제외한 '주택 이외의 거처'(고시원, 비닐하우스, 판잣집, 쪽방, 컨테이너 등) 거주 가구는 같은 기간 5만7,066가구에서 46만2,630가구로 대폭 늘어났다. 이 가운데 고시원이 약 40%를 차지한다. 옥탑방 거주 가구도 2005년 5만1,159가구에서 2020년 6만5,603가구로 증가했다. 전체 지옥고 거주 가구는 같은 기간 69만4,854가구에서 85만5,553가구로 늘어났다.[8] 주택 이외의 거처가 늘어난 시기는 서울 강북 일대가 재개발을 진행한 시점과 맞물린다. 재개발로 밀려난 반지하 거주 가구가 고시원 등 주택 이외의 거처로 이주한 것으로 보인다.[9]

노동·소득과 반지하 등 지옥고의 삶은 연결되어 있다. 지하 거주 가구는 '지난 1주일 동안 일하지 않았다'는 비율이 34%(전체 가구 24.4%)로 높은 편이다. 일을 한 경우도 임시직 및 일용직인 비중이 31%에 이른다(전체 가구 11.4%). 그에 따라 지하 거주 가구의 월평균 소득은 190만4천 원으로 전체 가구 317만5천 원보다 100만 원 이상 적다. 기초생활수급가구 비중은 15.1%로, 전체 가구(3.6%)의 4배가 넘는다. 지하 거주 가구가 현재 거처로 이사한 이유 가운데 '주거비 부담'은 21.3%로 전체 가구(10.3%)의 2배다. 반지하 가구의 평균 전세보증금은 전체 가구의 3분의 1 수준이다.[10]

경제적인 이유 등으로 어쩔 수 없이 살지만, 주거환경에 만족하지는 않는다. '현재 거처의 물리적 상태에 불만족한다'고 응답한 지하 가구의 비율은 40.2%였다. 세부 항목별로는 채광(69.2%), 환기(53.3%), 방수(50.5%), 위생(38.2%) 등을 불만족 이유로 꼽았다. 곰팡이가 생겨 악취가 나는 등 신체나 정신 건강에 악영향을 끼치기도 한다.[11] 옥탑과 고시원도 마찬가지다. 비적정 주거 거주 가구들은 그곳이 좋아서 사는 것이 아니다. 그리고 현재 주거급여(서울 1인 가구 기준 최대 35만2천 원) 보장 수준으로는 고를 수 있는 선택지가 '지옥고' 뿐이다.

정부의 주거복지 정책은 크게 주거급여나 전세임대 같은 주거비 지원과 공공임대주택 등 주거공간 지원으로 나뉜다. 이 가운데 주거비 지원은 실제 사는 공간의 품질과 연계되지 않는다. 주거급여 수급자가 지옥고에서 사망하는 일이 반복되고 있다. 실제로 2018년 국일고시원 화재부터 최근 반지하 수해 참사까지 피해자 대부분이 주거급여를 받고 있었다. 이는 아이러니하게도 주거급여가 지원이 필요한 사람에게 지급되고 있음을 보여준다. 반면 주거급여가 주거 품질과 연계되고 있지 않는 한계를 명확하게 보여준다. 정부 지원으로 마련한 집에서 건강과 생명을 위협받는 일이 벌어지고 있다. 주거급여 보장 수준을 현실화하는 방안과 함께 최저주거기준을 개선해야 한다는 목소리가 나오는 이유다.

최저주거기준은 2011년 제정된 행정규칙으로 1인 가구의 경우 최소 14㎡(약 4평) 이상 주거 면적과 수도시설을 갖춘 부엌과 화장실 등 시설 기준, 또 적절한 방음과 환기, 채광, 난방시설 등을 갖추어야 한다. 현행 최저주거기준은 2011년 이후 개정되지 않고 그대로 유지되고 있어 변화된 현실을 반영하지 못하고 있다. 최저주거기준 미달 가구는 2012년 127만7천 가구에서 2020년 92만1천 가구, 2022년에는 83만4천 가구로 큰 폭으로 줄었다. 하지만 상당수가 최저주거기준 미달 가구에 해당하는 것으로 추정되는 지옥고에 거주하는 가구가 2020년에 85만5,553가구에 이른다. 현행 최저주거기준이 주거의 질을 나타내는 지표로서 역할을 제대로 수행하고 있는가에 대한 의문이 제기되는 이유다.[12] 국회입법조사처는 적절한 단열·방음·채광·환기 등에 대한 구체적인 판단 기준을 마련하고 경제 수준의 향상 등을 고려해 현행의 협소한 면적 기준을 현실화할 필요가 있다고 지적했다.

재난에 생명권마저 위협받는

앞서 살펴본 것처럼 최근 국내에서는 산불, 폭염, 폭우 등 기후 재난으로 인한 피해가 계속 발생하고 있다. '2024년도 재난피해 회복수준 실태조사'에 따르면[13], 2021~2023년 동안 호우와 태풍, 산불 등 재난을 경험한 가구에 거주 시설(주거 목적의 영세점포 포함)에 피해를 입었는지 물은 결과, '피해를 입었다'는 응답은 86.3%였다. 거주 시설 피해 가구 중 93.2%가 '침수'로 인한 피해였고, '전파 또는 유실'(5.3%), '반파'(4.1%) 등의 순이었다. 주요 피해 재난별로 살펴보면 2022년 경북·강원 동해안 산불에서는 '전파 또는 유실' 피해가 96.9%로 가장 많았고, 그 외 조사 대상 재난에서는 '침수' 피해가 가장 많았다.

반복되는 기후 재난에도 불구하고 재난 발생으로 집을 잃은 피해자들에 대한 즉각적인 임시주거지 제공, 대체 주거지 마련 등을 위한 지원 체계는 매우 미흡하다. 2022년 서울시 관악구와 동작구에서 대규모 침수 피해가 발생했음에도 공공임대주택으로 이주한 가구는 극히 드물다. 2023년 11월 발표된 국가인권위원회의 '기후위기와 주거권에 관한 실태조사'에 따르면[14], 재난 피해 가구 중 65.4%는 아직 주거환경이 복구되지 않았고, 37.1%는 중앙·지방정부의 주거 지원을 받지 못했다. 또한 재난 피해자의 절반 이상인 57.7%는 불안증에 시달리고 있다.

재난에 대한 정부의 대응 평가도 7개 항목 중 6개가 3점(보통) 미만으로 낙제 수준이었다. 재난 사전 예방의 경우 2.16점으로 최하점이었다. 이어 재난 피해자에 대한 일상 회복 지원(2.17점), 재난 발생 시 즉각적인 대처(2.22점), 전반적인 대응(2.3점) 등의 순이었다. 조사 대상은 산불 피해 지역 63가구(13.2%), 침수 피해 지역 136가구(28.5%), 농촌·어촌·산촌 157가구(32.8%), 쪽방촌·이주민 122가구(25.5%)였다.

이들은 여름철과 겨울철에 필수적인 냉·난방을 유지하는 데도 어려움을 겪고 있었다. 산불 피해 지역과 농촌·어촌·산촌의 노후주택, 이동식 조립주택 거주 가구의 에너지 사용료 부담이 큰 상황이다. 강릉 해안 취약 지역 거주자 안 모씨는 "오래된 주택이라 어려움이 있고, 기름보일러로 난방을 하는데 기름값이 많이 올라 한 달에 100만 원 정도 나올 때도 있다"면서, "해안가 집들 다수가 오래된 집이고 단열이 안 된다. 겨울이면 1년에 두세 번은 배관이 터진다"고 했다. 겨울철 적정 실내온도를 유지하지 못하는 주된 이유는 '난방비 부담으로 충분히 사용하지 못함'(54.1%)

과 '단열 성능과 기밀성이 낮음'(40.1%)이었다. 여름철 적정 실내온도를 유지하지 못하는 주된 이유도 '냉방비 부담으로 충분히 사용하지 못함'(61.1%)과 '단열 성능과 기밀성이 낮음'(28.9%)이 대부분이었다.

쪽방촌에 사는 이들과 이주민의 경우 '냉방 시설 미비와 고장 및 노후화'(26.6%) 비율이 상대적으로 높았다. 현재 살고 있는 집에서 건강과 안전을 위협하는 주된 요소로 이들은 60.3%가 '습기와 곰팡이'를 꼽았으며, '수해'(43.3%)와 '폭염'(41.3%), '한파'(28.9%), '화재'(28.7%), '누전·감전'(13.2%), '균열·붕괴 위험'(10.5%) 순이었다.

기후위기로 인한 재난과 집의 성능·노후도를 고려할 때 집에 필요한 조치는 '구조 보강·리모델링 등 주택 개량'(65.0%), '철거 후 멸실'(17.5%), '개축 및 신축'(16.2%) 순으로 비율이 높았다. '주택 개량'은 침수 피해 지역(95.6%)에서 크게 높고, '철거 후 멸실'은 산불 피해 지역(48.9%)과 쪽방촌·이주민(38.8%), '개축 및 신축'은 농촌·어촌·산촌(30.4%)에서 상대적으로 높았다. 실제로 지난 2년간 집을 수리(개량)한 적이 있는 가구는 39.1%, 수리한 적이 없는 가구는 60.9%였다. 집을 수리한 적이 없는 가구 비율은 산불 피해 지역(73.0%)과 쪽방촌·이주민(72.4%)에서 상대적으로 높았다. 집을 수리하지 못한 주된 이유는 '경제적으로 부담되어'(49.1%), '노후·파손 상태가 경미해서'(28.7%)였고, 재난 피해를 경험한 가구에서 '경제적으로 부담되어'(56.5%) 비율이 상대적으로 높았다.

에너지효율 향상을 위한 주택 성능 개선에 필요한 항목은 '벽과 천장 단열 처리 개선'(38.2%), '창문·창틀·현관문 교체 및 보강'(34.3%), '배관 교체 및 수리 등 바닥 공사'(20.3%) 등의 순이었다. 쪽방촌과 이주민에서는 '난방시설 설치와 교체'(28.1%), '냉방시설 설치 및 교체'(45.5%) 비율이 상대적으로 높았다. 또한 노후주택 거주자일수록 에너지효율 향상을 위한 주택 성능 개선이 필요하다는 응답 비율이 높았다.

이들은 주거환경 개선을 위해 필요한 주거 지원으로 공공임대주택(43.4%)을 가장 많이 꼽았다. 이어 월세 지원(32.4%), 주택 성능 개선 지원(27.4%) 순이었다. 하지만 재난별 피해와 주거 형태에 따라 우선순위는 이와 달랐다. 산불 피해 지역은 '주택구입자금 대출'(46.0%)에 이어 '방재 시설 설치 지원과 주택 성능 개선 지원'(33.3%)을 꼽았으며, 침수 피해 지역은 '공공임대주택'(50.4%), '월세 지원'(46.6%)을 선택했다. 농촌·어촌·산촌은 '주택 성능 개선 지원'(47.1%)과 '에너지 사용료 지원'(31.4%)을, 쪽방촌과 이주민은 '공공임대주택'(68.4%), '월세 지원'(47.4%)이 필요하다고 답했다.

응답자 10명 중에서 9명(89.9%)은 기후위기가 심각하다고 답했고, 10명 중 6명(63%)은 현재 살고 있는 집이 기후위기에 취약하다고 생각한다. 하지만 10명 중 5~6명(56.3%)은 다른 집으로 이주를 고려하지 않고 있고, 더욱이 10명 중 7명(71.%)은 다른 지역으로는 이주하지 않을 생각이다. 이렇게 오늘도 기후 재난이 덮친 집에서 그들은 산다.

기후 재난이 우리가 살고 있는 집을 덮치면서 주거권을 위협하고 있다. 특히 취약계층의 열악한 집이 기후 재난 상황에서 흉기가 되어 생명권을 침해하고 있다. 기후변화에 관한 정부간 협의체(IPCC)는 기후위기가 대부분 지역에서 물 부족, 식량난, 건강, 도시, 주거지, 인프라에 악영향을 미친다고 분석하며, 일부 지역은 안전을 보장할 수 없는 '거주불능지'가 되어 이주가 불가피할 것이라고 진단했다.[15] 집은 추위와 더위 등 혹독한 외부 환경으로부터 인간을 보호하는 것이 주요 기능이지만 취약계층의 집은 기후 재난으로부터 인간을 보호하지 못하고 있다.

국제사회에서 주거권은 '적정 주거에 대한 권리'로 불리며, 그 내용이 구체적으로 정의되고 있다. 적정 주거에 대한 권리는 국내법과 동일한 효력을 갖는 사회권규약[16] 제11조에 포함되어 있다. 유엔 사회권위원회에 의하면 적정 주거에 대한 권리는 단순하게 지붕이 있는 주택을 가질 권리를 넘어 쫓겨나지 않을 권리와 함께 부담 가능한 비용으로 사생활, 적절한 공간과 입지, 보안성, 조명 및 환기, 시설 및 설비가 확보되는 것을 의미한다.

국제인권기구에서는 유엔 사회권위원회의 일반논평 제4호에 따른 적정 주거의 구성 요소를 충족하지 못하는 거처를 '비적정 주거'로 개념화하고 있다. 비적정 주거에 거주하는 사람들은 재난으로 건강과 안전을 위협받을 뿐만 아니라 다양한 인권을 침해받고 있다. 국내에서는 '지·옥·고'(지하, 옥상·옥탑, 고시원 등 주택 이외의 거처)가 비적정 주거의 대표적인 유형이라 할 수 있다. 이런 비적정 주거에서 화재, 폭염 등 재난으로 인한 인명피해가 끊이지 않고 있다. 또한 주거지에서 생명권을 침해하는 참사가 발생할 때마다 정부가 주거비를 지원하는 주거급여 수급자와 주거복지 정책의 사각지대에 놓인 이주민의 희생이 반복되고 있다.

주거 부문의 탄소 배출 저감 정책이 강조되고 기후위기로 인한 주거권 위협 문제가 심각해지면서 주거 부문의 '정의로운 전환' 필요성이 강조되고 있다. 2022년 유엔 주거권 특별보고관은 주택에서의 탄소 저감과 에너지 효율화 개선뿐 아니라 기후위기 영향에 가장 심각하게 노출되는 취약계층에 대한 지원이 필수적이라고 강조했다.[17]

2021년 제정된 '기후위기 대응을 위한 탄소중립·녹색성장기본법(탄소중립기본법)'에 정의로운 전환의 원칙과 중앙·지방정부의 책무가 규정되었지만, 주거 취약계층에 대한 고려는 부족하다. 기후위기와 주거권에 관한 실태조사를 통해 기후위기로 인한 주거 문제의 심각성과 취약계층 인권 보호의 필요성에 대한 사회적 공감대를 확산하고 주거 부문의 정의로운 전환을 위한 개선 방안을 모색해야 한다. '기후위기와 주거권에 관한 실태조사' 보고서[18]가 제안하는 기후위기 대응을 위한 주거정책의 방향은 모든 사람과 모든 집에서의 주거권 실현, 기후 재난 대응 및 피해복구 지원체계 강화, 기후위기 시대에 부합하는 주거 품질 규제, 주택의 기후복원력 향상이다.

  기후위기 취약계층을 위한 제도개선도 필요하다. 2023년 유엔 인권이사회는 "대한민국에는 기후위기에 더 취약한 계층이 있으니 이에 대한 보호 대책 마련이 시급하다"고 한국 정부에 권고했다. 이에 인권위는 2024년 12월 기후위기 취약계층 보호를 위한 제도 개선을 권고하며 탄소중립기본법에 기후위기 취약계층의 정의를 명시하고 국가의 기후위기 취약계층 보호 의무를 규정할 것, 2050 탄소중립녹색성장위원회 위원 구성 시 추천 및 위촉 절차를 마련하고 노동자·농어민을 포함하는 등 다양성을 강화할 것 등을 제시했다.

  노동환경과 거주환경이 열악할수록 기후 재난에 대한 대처 능력이 취약해질 수밖에 없고 그 영향은 불평등하게 나타난다. 기후재난은 변동성이 크고 예측이 어렵기 때문에 그 피해 역시 기존의 자연재해보다 더 커지는 경향을 보인다. 이는 취약계층의 노동조건, 주거, 건강, 위생 등 일상에 광범위한 영향을 미친다. 불평등이 곧 재난이 되는 현실을 바꾸기 위해서는 모두에게 평등한 노동권, 주거권, 사회적 기본권을 보장해야 한다.

그 나무들은
어디로 갔을까

남산 위의 저 소나무

 한국인이 가장 좋아하는 나무는 무엇일까? 소나무가 독보적인 1위다. 한국갤럽이 조사한 결과를 보면[1], 소나무에 대한 선호도는 2004년 44%, 2014년 46%, 2019년에는 51%에 달했다. 2024년 조사에서는 36%로 하락했지만 지난 20년간 변함없는 지지를 받았다. 2위인 벚나무 7.3%, 3위 단풍나무 6.6%, 4위 은행나무 5.4%, 5위 느티나무 3.8%와도 큰 차이를 보인다. 산림청 국립산림과학원이 2022년에 일반인 1,200명과 임업인 등 전문가 290명을 대상으로 조사한 결과에서도 단연코 소나무가 1위였다.[2]

 한국인은 소나무를 왜 좋아할까? 소나무를 가장 좋아하는 주된 이유로 일반인의 경우 '경관적 가치'(29.0%)가 높다고 답했으며 이어 '환경적 가치'(24.8%)와 '경제적 가치'(18.0%)를, 전문가들은 '역사·문화적 가치'(36.0%), '경관적 가치'(24.6%), '경제적 가치'(18.4%)를 각각 들었다. 일반인의 83.5%와 전문가의 88.6%

는 '소나무 또는 소나무숲이 삶에 매우 큰 영향을 주고 있다'고도 응답했다.

한국인이 소나무를 가장 좋아하는 이유를 조선시대, 특히 조선 후기의 세 가지 특성에서 찾아볼 수 있다.[3] 한국인이 소나무를 가장 좋아하는 이유는 모든 나무 가운데 소나무가 으뜸이라는 유교적 상징성, 송정(松政)으로 대표되는 국가로부터 강제된 소나무의 중요성, 우리 주변에서 늘 볼 수 있을 정도로 많은 소나무의 접근성에 있다는 것이다. 소나무 껍질은 나이를 먹을수록 표면이 거북이 등껍질처럼 갈라진다. 이 모양이 철갑을 두른 듯 보인다고 해서 애국가에도 언급된다.

소나무는 조선에서 가장 흔히 접할 수 있는 대표적인 상록수로 비바람과 엄혹한 추위를 견뎌내는 불굴의 기상을 보여준다고 해서 조선의 선비들에게도 많은 사랑을 받았다. 애국가에도 소나무는 바람과 서리에도 굴하지 않는 절의와 기개의 상징으로 등장한다. 군가나 민중가요에서도 이와 같은 맥락의 가사로 표현된다. 소나무는 오래 사는 나무로 알려져 장수를 나타내는 십장생 중 하나이기도 하다.

유럽이 참나무 문화권이라면, 한국은 소나무 문화권이라 할 수 있다.[4] 옛날에는 아기가 태어나면 부정을 타지 않게 한다며 금줄 솔가지를 끼워 출생을 알리고 외부인의 출입을 막았다. 소나무 숲에서 놀고, 소나무로 지은 집에서 살았으며, 소나무로 만든 관에 묻혔다. 소나무 목재는 질이 좋아 오랜 세월 동안 이용되었는데, 기둥·서까래·대들보 등 건축재, 선박 재료 등으로 쓰였다. 조선은 중앙행정기관 중 하나7인 공조 산하에 산택사라는 기관을 두어 소나무 중심의 산림정책을 폈다.[5] 소나무를 보호하는 일은 병조에 맡겨 국가안보 차원에서 다루었는데, 소나무의 쓰임새 때문이었다.

조선시대 건축은 소나무 없이는 불가능했다. 특히 궁궐이나 사찰, 서원, 종택과 같이 규모가 큰 건물의 건축에서 소나무의 수요는 절대적이었다. 도로와 교량 건설과 같은 토목 현장에서도 소나무가 사용되었다. 조운선이나 전투용 선박 자재 역시 소나무였다. 소나무는 물류와 국토방위의 핵심 자재였다. 소나무는 땔감이 되기도 하고, 춘궁기에는 소나무 껍질을 벗겨 먹기도 했다. 가을에 송편을 찔 때도 솔가지를 썼고, 소나무숲에서 송이를 얻었다. 소나무는 오랜 세월 동안 풍속과 먹거리, 땔감, 건축과 토목, 안보에 이르기까지 한국인의 역사와 삶에 떼려야 뗄 수 없었던 나무였다.

조선시대 산림정책은 소나무 한 수종의 이용과 보전을 다루는 정책, 즉 송정이었다. 조선왕조가 산림정책을 송정이라 한 것은 산림정책에서 소나무 관리가 그만큼 핵심이었다는 것을 의미했다.[6] 조선왕조는 해양 방어를 강화하기 위해 전선(戰船) 제작에 큰 노력을 기울였는데, 주로 소나무를 전선용 선재로 사용했다.

조선왕조는 전선을 만드는 데 필요한 소나무를 중요한 나무로 규정했고, 100년 이상 자란 소나무를 전선용 선재로 반드시 사용해야 한다고 생각했기 때문에 소나무 관리는 필수적이었다. 소나무를 전선용 선재로 사용한 것은 해안가에 곧게 많이 자라는 수종이었기 때문이다. 전선 제작에 필요한 소나무를 관리하기 위해 조선왕조는 세종 30년인 1448년 연해에 있는 소나무가 잘 자라는 땅 300여 곳을 나무를 베지 못하도록 금산(禁山)으로 지정했다.

임진왜란과 병자호란이라는 양난은 산림자원의 관리 체계에도 큰 영향을 끼쳤다. 양난 이후 지속되는 안보 위기는 전선 확보와 안정적인 선재 공급의 중요성을 증가시켰고, 인구 증가로 인한 연료용 목재, 즉 땔감과 전후 복구를 위한 건축용 목재 수요가 증가하면서 산림자원을 둘러싼 사회갈등도 커졌다. 기존의 금산 정책은 한계에 직면했고, 강력한 통제·관리와 행정지침을 갖춘 새로운 산림자원 관리 체계의 등장이 필요했다.

조선왕조는 기존의 금산을 확대·개편해서 전국의 산 600여 곳을 봉산(封山)으로 지정해 벌채를 금지했다.[7] 또한 봉산 관리를 비롯한 송정의 구체적인 행정지침을 담은 제도연해송금사목을 반포해서 관리·감독 체계를 강화했다. 국가가 필요로 하는 전선용 목재를 안정적으로 공급하는 것이 금산과 봉산의 지정 목적이었기에 주변 백성들의 이용은 엄하게 금지되었다.

조선 후기에는 가정용 온돌이 전국적으로 보급되면서 집 주변의 숲에 있는 나무의 가지와 잎이 땔감으로 많이 사용되었다. 소나무 벌채를 금지하는 강력한 송정으로 소나무는 제외되었지만 다른 나무들은 베어졌고 가지와 잎까지 채취되었다. 화목으로 겨울 난방 수요를 감당했던 조선시대 내내 산들 대부분은 말 그대로 민둥

산이었다. 땅은 그대로 노출되어 말랐고, 건조한 땅에서도 잘 자라는 소나무가 다른 나무들의 자리를 점점 더 차지하기 시작했다.

조선시대에 지속된 송정과 가정용 온돌 확대로 마을 주변의 숲은 소나무숲으로 점차 변해갔다. 1910년 한반도 남부 산림의 53%가 소나무 단일 수종으로 이루어진 가장 큰 이유는 소나무의 공급을 왕조 차원에서 관리했기 때문이다.[8] 조선왕조의 봉산이 모두 한반도 남부에 분포하고 있었다는 점이 이를 증명한다. 소나무를 정책적으로 보호했던 곳만 '한국의 숲'이 되었고, 이는 지금까지도 한국의 산에 유난히 소나무가 많은 이유 가운데 하나다.

일제강점기를 겪으면서 산림은 본격적으로 파괴되기 시작했다. 일제는 조선의 산림을 수탈 자원으로 여겼다. 게다가 일제가 태평양전쟁을 수행하기 위해 공포한 국가총동원법으로 인해 그나마 남아 있던 나무조차 대량 벌목하면서 산지 황폐화가 더욱 가속화되었다. 1942년 산림의 임목축적(나무 총량)[9]은 1910년에 비해 3분의 1로 줄었다. 일제가 한국 산림의 3분의 2 이상을 수탈했다는 의미다.[10]

일제 말기부터 시작된 전쟁물자 조달과 해방 후의 인구 증가, 한국전쟁, 전후 복구를 위한 자재 수요의 증가, 여기에 국가의 산림관리 기능 실종까지 더해져 산림자원이 더욱 황폐화의 길을 걸었다.[11] 1940년대와 1950년대에는 임산 연료 이외에는 대체연료가 거의 없었고, 막대한 양의 나무를 소비하는 특유의 온돌문화도 민둥산을 만들어내는 주범이었다.

1950년대 초반 한국의 산림은 최악이었다. 광복 전인 1942년 남한의 입목축적은 6,500만㎥이었지만 1952년에는 3,600만㎥로 10년 만에 45%가 줄어들었다.[12] 해방 이후 분단을 겪으면서 북한으로부터 전기와 석탄 공급이 중단되자 더욱 임산 연료에 의존할 수밖에 없었다. 산림을 보호할 치안력도 부재했다. 해방 직후의 산림정책은 사방사업이 역점 사항이었다. 숲의 구성과 밀도가 빈약할 뿐만 아니라 산지가 황폐되어 거의 해마다 홍수 피해가 있었기 때문이다. '사방사업 10개년 계획(1948~1957)'을 수립해 황폐 임야와 야계(野溪)[13]에 대한 복구를 시도했지만, 한국전쟁으로 인해 실적은 계획 대비 5%에도 미치지 못했다. 1951년 '산림보호임시조치법'을 제정해서 응급 사방에 힘쓰고 아카시아나무, 오리나무, 리기다소나무 등 생장이 빠른 속성수를 조림했지만, 재원과 기술 부족으로 계획이 제대로 집행되지 못했다.

1950년대 가정에서의 취사와 난방 연료는 낙엽, 솔가지, 잡목, 갈대, 짚, 왕겨, 숯 등이었다. 1955년 기준으로 보면 가정용 연료의 78.1%가 숯과 장작이었고 연탄은 7.4%에 불과했다. 1950년대 중반만 해도 가정과 상점에서 나무 장작을 연료로 썼다. 서울의 경우, 강원도에서 채취해 온 나무 장작 집하장이 청량리역 근처에 있었고, 소매상들이 장작을 사다가 대중에게 팔았다. 이 장작의 일부는 정부의 허가를 받지 않은 이들이 트럭을 동원해 아무 산이나 들어가 마구잡이로 남벌한 것이었다. 그로 인한 결과는 산림의 황폐화였다.[14]

한국전쟁으로 산림이 황폐해진 상황에서 연료로 사용하기 위해 나무가 계속 남벌되었고, 정부는 산림녹화를 위해 연탄 사용을 적극적으로 권장했다. 박정희 정부는 1962년 제1차 경제개발계획을 세우며 민수용 석탄 공급 계획을 포함했다. 1964년에는 35개 도시에 민수용 석탄을 공급하면서 땔감 사용을 막았다. 석탄 소비가 본격화하고, 연탄이 가정용 연료로 주목받기 시작한 것은 1960년대부터다.

1960년에도 에너지 소비 중 나무와 숯의 비중이 63%를 웃돌았던 반면 석탄의 역할은 27%에 불과했다.[15] 연탄의 보급은 산림 황폐화를 해결한 중요한 전환점이었다. 이후 가정에서 연탄 사용이 매년 급증했다. 하지만 농촌에서는 여전히 장작이나 솔잎 등의 사용 비율이 높았다. 정부는 1973년 '제1차 치산녹화 10개년 계획'을 세우면서 입산을 통제하는 한편 연료 채취 지역과 시기, 방법을 규제했고, 농어촌 연탄아궁이 보급에 주력했다. 그 결과 1970년대 후반에는 연탄과 석유가 난방과 취사의 주된 연료가 되었고, 장작 등의 비중은 미미해졌다.

정부는 제1차 치산녹화 10개년 계획에 따라 '속성 조림'을 목표 중 하나로 내걸고 신속한 산림 복원에 나섰으며, 당초 계획보다 4년 앞선 1978년에 목표를 달성했다. 1차 계획에 따른 권장 수종은 밤나무, 잣나무, 은수원사시, 아카시아와 리기다소나무 등이었다. 당시 묘목 공급 계획에 따르면 미국산 외래종인 리기다소나무(6,160만 그루)를 가장 많이 심었고, 잣나무(4,900만 그루)와 낙엽송(4,020만 그루) 등의 침엽수가 많았으며, 오리나무(2,810만 그루)와 아카시아(2,490만 그루), 삼나무(1,700만 그루)와 편백나무(1,110만 그루) 등 활엽수가 뒤를 이었다.[16]

1, 2차 치산녹화 기간인 1973년부터 1987년까지 15년간 황폐된 산림 200백만헥타르에 치산녹화사업을 완수했고, 매년 13만 헥타르에 속성수, 유실수, 연료림, 용재림 위주로 조림을 실시했다. 황폐한 산림을 빠르게 복원하면서(속성수), 먹을 수 있고(유실수), 농촌 생활을 안정화하며(연료림), 산업자원으로 사용하는 데(용재림) 초점을 둔 것이었다. 이 중에서도 소나무는 척박한 땅에서 잘 자라는 데다 목재와 송진을 공급해주는 최적의 수종이었다.

이 땅에 너른 뿌리를 내리고

　소나무는 중생대 백악기부터 한반도에 살고 있는 자생수종이다. 황해도 사리원이나 전북 진안 등에서 나온 솔방울·솔잎 화석을 보면, 중생대 백악기 무렵부터 소나무숲이 한반도에 있었다. 공룡 시대부터 한반도에 소나무가 자랐다고 볼 수 있는데, 자생종 침엽수 중에는 강원도 정선 두위봉에 약 1,400년 된 주목이 가장 오래된 나무로 알려져 있다.[17] 한국에 자생하는 소나무는 나무줄기가 붉어 '적송', 주로 내륙 지방에서 자란다고 '육송'이라고도 하며 한반도에 가장 널리 분포한 수종이다.

　한반도 고유종인 소나무는 우리에게는 흔한 나무이지만 국제적으로는 분포가 한정적이다. 한국을 포함해서 일본, 중국 동북부, 러시아 동부에서만 자생하고 있다. 하지만 중국은 분포 범위가 좁고, 일본은 소나무재선충병 대발생으로 대부분 사라졌으며, 러시아에서는 연해주에 극히 일부가 분포해 멸종위기종으로 지정된

보호식물이다.

  한국에 분포하는 다른 소나무로는 바람과 소금기에 견디는 힘이 강해 바닷가 인접지에 많이 식재된 해송이 있다. 육송에 비해 줄기가 검정 빛깔을 띠어 흑송 또는 곰솔이라고도 불린다. 북아메리카가 원산지인 리기다소나무는 사방과 조림 목적으로 수입되어 1960~1970년대 녹화사업에서 대량으로 식재되었다. 하지만 목재의 질이 별로 좋지 않고 송진이 많이 나와 주변 토양을 해치고 산불에도 취약해 최근에는 많이 베어내고 그 자리에 다른 수종을 심고 있다.

  한국은 소나무숲을 비롯한 산림면적이 국토 대비 넓은 국가다. 산림기본통계에 따르면, 2020년 말 기준 산림면적은 6,298천헥타르로, 전체 국토 면적인 10,041천헥타르의 62.7%를 차지하고 있다.[18] 이는 OECD 국가 중 핀란드(73.7%)와 스웨덴(68.7%), 일본(68.4%)에 이어 네 번째로 국토 대비 산림 비율이 높다. 하지만 산림면적은 줄어들고 있다. 1972년 산림면적은 6,597천헥타르였으나 지난 50년 동안 서울시 면적 60.5천헥타르의 5배인 299천헥타르에 가까운 산림면적이 감소했다. 산림청에 따르면, 도로 신설 및 주택 건설, 산업단지 조성 등을 위해 다른 용도로 지목이 변경되었기 때문이다. 전체 산지 중 38.8%가 소나무를 포함한 침엽수림이고, 활엽수림은 33.4%, 침엽수와 활엽수가 섞여 자라는 혼합림이 27.8%를 차지한다.

  침엽수나 활엽수끼리만 모아둔 단순림은 병충해에 약하고, 이

중 침엽수림은 산불에 취약하다는 지적이 잇따르면서 차츰 그 비중을 줄여왔다. 그 결과 1972년에 57.7%에 달하던 침엽수림 면적 비중은 최근 38.8%로 낮아졌다. 그럼에도 여전히 침엽수림이 가장 큰 비중이며, 단일 수종으로는 소나무가 전체 산지의 26.3%로 가장 넓은 면적을 차지하고 있다.[19]

숲이 울창한 정도를 나타내는 임목축적은 2020년 말 기준 1,040백만㎥로 식목일이 처음 제정된 1946년 56백만㎥보다 18.4배 증가했고, 치산녹화사업이 시작된 1973년 75백만㎥에 비해서는 14배 증가했다. 그만큼 황폐했던 숲이 울창해진 것이다. 이에 대해 유엔식량농업기구(FAO)는 한국을 제2차 세계대전 이후 산림 복구에 성공한 유일한 국가라고 평가했고, 유엔환경계획 사무총장은 한국 조림사업은 세계적인 자랑거리라고 표현했다. 2025년 4월에는 산림녹화 기록물이 유네스코 세계기록유산에 등재되었다. 산림청은 임목축적이 증가한 원인으로 1960년대 시작한 산림녹화사업과 1970~1980년대에 걸쳐 시행된 치산녹화사업으로 조림한 나무들이 31~50년생인 성숙림에 도달했고, 숲 가꾸기 등의 산림자원관리 효과가 가시적으로 나타난 결과로 추정했다.

소나무를 비롯한 침엽수림은 넓은 산림면적에 가장 울창하게 분포하고 있다. 2020년 말 기준 침엽수림의 임목축적이 474백만㎥(45.2%)로 가장 크고, 혼효림 289백만㎥(27.7%), 활엽수 282백만㎥(27.1%)의 순이다. 산림면적 대비 산림의 울창한 정도를 나타내는 단위면적당 임목축적도 침엽수림이 202㎥/ha(헥타르)로 가장 크고 1973년과 대비해 20배 가까이 증가했다. 혼효림은 173 m³/ha로 15.7배, 활엽수림은 140m³/ha로 6.6배 울창해졌다. 수종별로 보면, 소나무와 해송의 임목축적이 329백만m³(43.8%)로 가장 크고, 참나무류 159백만m³(21.2%), 기타활엽수 113백만m³(15.1%), 낙엽송 57백만m³(7.5%), 리기다소나무 47백만m³(6.3%)의 순이다. 소나무를 포함한 침엽수종이 전체적으로 울창한 상황인데, 이는 최근까지 나무를 심는 조림 실적으로도 그 이유를 확인할 수 있다.

2000년부터 2023년까지 최근 약 20년간 누적된 침엽수의 조림 면적과 그루 수 비중은 전체 조림 대비 각각 50.8%와 55.3%를 차지했는데, 그중 소나무가 면적 대비 15%, 그루 수 대비 16.5%로 단일 수종으로는 가장 큰 비중을 차지했다. 소나무를 가장 많이 심고 있다는 뜻이다. 최근(2023년 기준)에는 다른 침엽수종인 낙엽송(25.6%)과 편백나무(22.6%)의 조림 비중이 가장 높아졌지만, 소나무(16.2%)도 여전히 많이 심고 있다. 한국에 소나무가 가장 많은 이유다.

산불은 그것 때문이라는 말

 소나무는 한국인이 여전히 가장 좋아하는 나무이지만 인기는 예전만 못하다. 산림청이 2023년 국토녹화 50주년을 맞아 실시한 '2023년 산림에 관한 국민의식 조사'를 보면, '가장 좋아하는 나무가 무엇인가'라는 질문에 46.2%가 소나무를 꼽았다.[20] 하지만 그 비율이 급격하게 낮아지고 있다. 2004년과 2015년 조사에서는 '소나무를 가장 좋아한다'는 비율은 각각 67.7%와 62.3%에 달한 것과 비교해 40%대 중반대로 떨어졌다. 소나무가 재선충병 피해를 보기 시작하면서 매년 방제에 엄청난 예산이 소요되고 있는 점, 소나무 속의 송진으로 인해 산불이 대형화되고 있다는 지적이 나오고 있는 점 등이 소나무의 인기를 떨어뜨린 요인으로 지목되었다.

 2025년 3월, 경북과 경남 지역을 중심으로 발생한 대형산불은 역대 최대 규모의 피해를 발생시킨 후에야 사그라들었다. 중앙재난안전대책본부에 따르면 대형산불로 30명이 숨지고 45명이 다치는 등 75명의 인명피해가 발생했다. 주택 3천여 동이 전소되고, 국가유산 30건, 농업시설 2천여 건 등 시설 피해도 컸다.[21] 산불 피해 면적은 서울 면적인 6만520헥타르의 1.7배에 이르는 10만4천 헥타르로 집계되었다.[22] 2만3,794헥타르에 번져 가장 큰 산불로 기록되었던 2000년 동해안 산불보다 4배 이상 큰 사상 최대 규모다.

막대한 피해가 발생하자 소나무가 다시 도마 위에 올랐다. 불에 약한 소나무를 이들 지역에 많이 심어 대형 피해를 불러왔다는 것이다. 산불은 기상, 연료가 되는 숲의 종류, 지형의 영향을 받아 확산한다. 특히 산불에 취약한 소나무 중심의 침엽수림 비중이 높은 것이 문제라는 지적은 대형산불이 발생할 때마다 제기되었다. 소나무에 다량 함유된 송진은 테라핀 같은 정유 물질을 약 20% 이상 포함하고 있어 불이 잘 붙을 뿐 아니라 오래 지속되는 특성이 있다.

소나무는 활엽수와는 달리 겨울과 봄에도 가지에 잎이 붙어 있어, 지표층(낙엽층)에서만 타던 산불이 나무 윗부분인 수관층까지 옮겨붙으면서 불똥이 날아가는 비화로 확산할 수 있다. 비화는 산불의 불기둥으로 인해 상승한 불똥이 강한 바람을 타고 날아가는 현상이다. 비화는 다른 곳에 옮겨붙어 새로운 산불을 만들기도 하는데, 도깨비불처럼 수백 미터씩 날아가 대형산불의 주요 원인이 된다.

특히 소나무는 활엽수에 비해 1.4배 많은 열에너지를 갖고 있어 더 뜨겁게 타고, 불이 지속되는 시간도 2.4배 길어 많은 불똥이 만들어진다. 나무의 가지와 잎을 태우는 수관화로 인해 소나무의 가지와 솔방울, 껍질 등에 불이 붙으며 생긴 불똥이 상승기류와 강풍을 만나면 최대 2㎞ 가까이 날아갈 수 있다.[23] 소나무가 산불 확산 원인으로 지적되는 이유다.

2020년 기준 전국 소나무(소나무·해송) 산림면적 1,580천헥타르 중 경북 지역의 소나무 산림면적이 458천헥타르(29%)로 가장 넓다. 경남 273천헥타르(17.3%), 강원 258천헥타르(16.4%)의 순으로 소나무가 많이 분포해 있다. 산림면적 중 소나무가 차지하는 비율도 경남이 40.9%, 경북 35.6%로 가장 높았다. 소나무의 울창한 크기를 나타내는 임목축적도 경북 지역이 93백만m^3, 경남 64백만m^3, 강원 60백만m^3로 가장 컸다.[24] 전국에서 대형산불이 가장 많이 발생하는 지역들이다. 이 때문에 그동안 산림청의 무분별한 소나무 위주의 인공조림 정책이 산불 피해를 키운다는 지적이 있어 왔다.

하지만 산림청에 따르면[25], 경북에 인공으로 조림한 소나무숲은 그리 많지 않은 것으로 나타났다. 산불이 발생한 경북 5개 지역 전체 산림면적 중 소나무숲은 39.2%를 차지하는데, 소나무숲 중 예전부터 또는 자연적으로 생겨난 자연림이 98%로 대부분이고, 사람이 직접 심은 인공림은 2%에 불과했다. 경북 지역에 소나무숲이 가장 넓은 것은 소나무가 잘 자라는 토양·지형·환경적 특성이 오래전부터 형성되어 왔기 때문이라는 분석이다.

1973년부터 전국에 조림한 산림면적 295만헥타르 중 소나무 면적은 3.7%인 10.8만헥타르다. 또한 현재 전국 소나무숲 면적 158만헥타르 중 조림한 소나무숲 면적은 약 6.8%를 차지한다. 연간 전체 조림 면적 중 소나무를 심는 비율도 2015년 24%에서 2024년 16%로 낮아지고 있다. 소나무 위주의 조림 정책이 산불 피해를 키웠다는 지적은 사실이 아니라는 설명이다.

소나무를 위한 변론

 소나무가 산불에 취약하다는 것은 산불이 나면 소나무가 불에 타 죽기 쉽다는 의미다. 산불로 타버린 산림생태계는 복구하기까지 상당한 시간이 필요하다. 100년 이상이 걸릴 것이라는 분석이다. 국립산림과학원에 따르면 산불이 발생한 이후 15년이 지난 시점에서 수목의 생장과 외형적인 모습은 이전의 70~80% 수준으로 회복된다. 다만 산림 토양, 서식 동물 등 전반적인 산림의 생태계는 20년이 지나도 완전히 회복되지 않는다. 규모가 막대한 만큼 황폐해진 산불 피해지가 산림의 형태를 갖추는 데는 최소 30~40년 이상, 생태적 안정 단계에 이르기까지는 최소 100년 이상의 시간이 걸릴 것으로 분석된다.[26]

 산불로 인한 산림 복원은 조림과 자연 복원 방식으로 이루어진다. 자연 복원은 자연환경보전림과 같이 보전 가치가 높고 자연적인 복원 능력이 있는 산림을 대상으로 최소한의 관리만으로 숲이 스스로 복원되도록 돕는 방법이다. 산불 피해를 입었더라도 수관층이 살아 있거나 피해지에 움싹이 발생하는 등 다시 숲이 살아날 수 있는 지역에 주요 적용된다.

조림 복원은 주로 수목을 식재해서 복원하는 방법으로 경제수조림, 경관조림, 송이복원조림, 내화수림 조성 등 다양한 방법이 있다. 내화수림은 산불에 대비해 활엽수를 띠 형태로 조림하거나 나무의 간격을 인위적으로 조절해서 산불의 빠른 확산을 저지하는 숲을 말한다. 실제로 피해면적 2만3,000여 헥타르에 이른 2000년 동해안 산불은 조림 복원 51%, 자연 복원 49%, 1만6,300헥타르를 태운 2023년 울진·삼척 산불은 조림 복원 49%, 자연 복원 51% 등의 방식으로 복원 중이다.[27]

산불 확산을 예방하려면 민가나 문화재, 발전 시설 등 주요 시설 주변의 소나무림을 불에 잘 견디는 활엽수로 전환할 필요가 있다. 하지만 산불 피해지 조림 복원의 경우 여전히 침엽수를 더 많이 심고 있다. 산림청은 2019~2022년 산불 피해지의 조림 수종을 활엽수 51%, 침엽수 49%(소나무 36%)로 결정했지만, 2023년 말 중간발표를 보면 실제 조림 실적은 전체 조림 면적 1,558헥타르 가운데 침엽수 비율이 61%로 훨씬 높았다.[28] 산림청은 산주나 지역 주민의 의견, 나무 특성에 따라 생존하기에 가장 적합한 환경, 산불에 강한 수종 등을 종합적으로 고려해 복원 방식과 조림 수종을 결정해야 한다는 입장이다.

자연 복원을 하면 산불 피해를 더 줄일 수 있다는 지적도 나온다. 중·남부 지역 온대 식생 환경을 고려했을 때 자연 복원을 하면 참나무류와 느티나무, 박달나무 같은 낙엽 활엽수가 주로 자라는 숲이 자연스럽게 이루어진다는 것이다. 국립산림과학원이 이전 27년간 산불 피해지 복원을 연구한 결과를 보면[29], 산불 피해지에 조림된 수종들의 1년 후 생존율은 소나무가 평균 89%, 활엽수는 평균 53%로 소나무의 조림 복원 효과가 더 우수했다. 반면에 토양 유기물과 토양 양분의 회복률은 자연 복원지가 조림 복원지보다 각각 1.5배, 1.3배 높았다.

 이처럼 숲과 토양의 회복은 복원 방법에 따라 다르다. 따라서 복원의 효과를 높이려면 조림 복원과 자연 복원의 장단점을 고려해 입지의 특성에 따라 복원 방법을 신중하게 결정해야 한다.

 우리나라 동해안은 역사적으로 산불이 많았던 지역이다. 조선시대 산불 발생 및 특성을 분석한 결과를 보면[30], 현종 때 14건, 순조 때 13건으로, 당시 강풍으로 인한 산불 피해가 극심한 것으로 기록되었고, 가장 큰 피해를 낸 산불은 순조 4년 때인 1804년에 발생한 강원도 동해안 산불로 사망자 61명, 민가 2,600호가 소실되었다. 최대 인명피해가 발생한 산불은 현종 13년인 1672년 강원도 동해안 산불로 65명이 사망했다. 지역별로는 동해안 지역에서 39건(56%)으로 산불이 가장 많이 발생한 것으로 나타났다. 봄철 기간 산불이 46건(73%)으로 가장 많은 것으로 나타났고, 연중 산불이 가장 많이 발생한 기간은 4~5월로 현재의 산불 발생 시기와 유사하다.

화재 이후 이 지역 산림을 계속 점유해온 나무는 소나무였다. 사람들이 인위적으로 나무를 식재하지 않았던 시대에도 자연적으로 발생해서 우점한 나무는 다름 아닌 소나무였다. 소나무는 이 지역에서 환경적으로 특화된 수종인 것이다.[31]

현재도 대형산불은 주로 동해안 지역에서 3~4월에 집중적으로 발생하고 있다. 봄철 한반도 남쪽에 고기압, 북쪽에 저기압이 머물면 그 사이에서 강한 남서풍 바람이 생성된다. 이렇게 발생한 바람이 백두대간을 넘으면서 풍속이 빨라지고 돌풍이 발생하는 현상이 나타난다. 해마다 봄철 강원도 동해안 일대에 부는 이런 강풍을 양양과 간성, 혹은 양양과 강릉에 부는 국지적인 강풍이라는 뜻에서 양간지풍 혹은 양강지풍이라고 부른다.

양간지풍은 고온건조하며 소형 태풍급에 버금갈 정도로 풍속이 빠른 것이 특징이다. 실제로 2022년 울진·삼척 대형산불이 발생했을 당시, 울진 지역에서 관측된 최대순간풍속이 초속 27m로 여름 태풍 수준에 맞먹기도 했다. 2019년 4월에 발생한 강원도 대형산불 때도 최대순간풍속이 초속 30m인 바람이 불었으며, 2005년 4월 발생해 천년 고찰인 낙산사를 덮친 산불 역시 순간 최대풍속이 초속 32m인 바람을 타고 빠르게 확산되었다. 이들 지역은 백두대간을 중심으로 지형적 특성에 따른 건조한 날씨와 함께 양간지풍이라 불리는 강풍이 불고, 인화력이 강한 소나무 단순림으로 구성되어 있다. 산불 확산의 3요소인 지형, 기상, 연료를 모두 갖추고 있어 대형산불로 확산하기 쉬운 환경이라 할 수 있다. 조선시대부터 소나무가 가진 산불의 위험성을 관리하는 데 초점을 둔 이유가 여기에 있다.

 소나무는 산불의 원인 제공자라기보다는 산불이 자주 일어나는 환경에서 살아남은 생존자에 가깝다. 더욱이 소나무는 산불의 가해자가 아니라 산불 피해에 취약한 피해자라 할 수 있다. 소나무는 죄가 없다.

우리 곁에서 멀어지는 이름들

병들고 말라 죽고 밀려나고

 소나무는 산불과 재선충, 기후변화로 죽어가고 있다. 산불이 산림생태계에 미치는 영향은 막대하다. 산불이 나면 산림생태계가 급속하게 황폐해진다. 도시가 인간의 주거공간이라면 산림은 동식물의 서식처로, 산불은 이들의 서식처를 순식간에 파괴한다. 생물다양성이 줄어들고 토양의 영양물질도 불에 타면서 산림의 생산력도 떨어진다. 토양을 보호하는 나무와 낙엽 등이 불에 타 사라지면서 비가 조금만 와도 토사가 유출되어 산사태·홍수와 같은 2차 피해를 유발하기도 한다.[1]

 산불은 소나무, 해송, 잣나무, 섬잣나무 등 소나무류에 치명적인 소나무재선충병에도 큰 영향을 끼친다. 산불 피해 고사목[2]이 소나무재선충 매개충의 산란처로 이용되고 있어서다.[3] 소나무재선충은 크기 1㎜ 내외의 실 같은 선충으로, 솔수염하늘소와 북방수염하늘소 등 매개충의 몸 안에 서식하다가 매개충이 건강한 소나무 새순을 갉아먹을 때 난 상처 부위를 통해 소나무 내부에 침입한다. 침입한 재선충은 소나무 조직에 서식하며 한 쌍이 20일간 20만 마리로 늘어날 정도로 급속히 증식하면서 소나무를 갉아먹으며 수분과 양분의 이동통로를 막아 소나무를 말라 죽게 한다. 사람으로 치면 피가 말라 죽는 셈이다. 소나무재선충병에 걸린 소나무는 현재까지도 마땅한 치료제가 없어 전부 죽는다. 감염된 나무는 잘라내 소각하거나 비닐을 덮고 소독약을 뿌린 뒤 훈증[4]해야 한다.

산불은 소나무재선충병의 매개충인 솔수염하늘소와 북방수염하늘소 개체수를 증가시킬 수 있다. 국립산림과학원이 2017년 5월 산불이 발생했던 경북 상주시 사벌면에서 솔수염하늘소와 북방수염하늘소 서식밀도를 조사한 결과, 3년 동안 솔수염하늘소는 평균 31.3배, 북방수염하늘소는 평균 4.7배 증가한 것으로 확인되었다.[5] 산불로 죽은 소나무가 소나무재선충 매개충의 서식 및 산란처가 되면서 매개충을 증가시켜 소나무재선충병 피해를 확산시킬 수 있다는 것이다.

소나무재선충병은 북미에서 발원했으며, 일본, 중국, 한국과 더불어 유럽 역시 심각한 위협을 받고 있다. 유럽위원회에서는 소나무재선충 확산 방지를 위한 긴급조치안으로 소나무재선충병에 감염된 나무와 감염목으로부터 반경 500m 이내에 있는 수목을 벌목하도록 권고하고 있다. 포르투갈은 유럽연합의 가이드라인에 따라 가을과 겨울에는 예찰, 진단 및 쇠약목 제거에 집중하고, 매개충 활동기인 여름에는 매개충을 포획하고 있다. 그럼에도 유럽을 포함한 일본, 중국 등 외국에서는 재선충병 방제에 성공하지 못하고 있다.[6]

일본은 1905년 규슈섬 나가사키현에서 처음 소나무재선충병 고사목을 발견했다. 하지만 발생 초기에는 원인을 알지 못해 별다른 조치를 하지 않았고, 그 사이 재선충병은 북해도를 제외한 전국 45개 현으로 퍼졌다. 일본이 소나무재선충을 확인한 것은 1972년으로, 이전에는 재선충과 매개충인 솔수염하늘소의 관계가 규명되지 않아 제대로 방제하지 못했다. 고사목의 원인이 밝혀지면서 일본 정부는 재선충을 없애기 위한 방제에 돌입했다. 1977년에는 소나무재선충 특별조치법을 제정해 1997년까지 20년간 시행했다. 재선충 완전 방제를 위해 다양한 방제 기술을 개발하고 2005년까지 매해 25억 엔을 쏟아부었다. 인력을 투입해 대대적인 고사목 제거와 훈증 작업도 진행했다.[7] 하지만 일본이 100년 넘게 벌인 재선충과의 사투는 실패로 끝나고 말았다. 현재는 주요 문화유산 소나무숲과 해안방재림, 국가지정보호 소나무림을 제외하고는 사실상 소나무가 절멸한 상태다.

한국에서는 1988년 부산 동래구 금정산에서 소나무재선충이 처음 발견되었다. 소나무재선충은 일본에서 건너왔다는 학설이 유력하다. 2005~2007년에는 소나무재선충병이 확산하면서 '1차 팬데믹'이 발생했다. 2005년 소나무재선충병 방제특별법을 마련하고 방제에 힘을 기울인 결과 2012년까지 소나무재선충병 발생이 줄었다. 하지만 2013~2016년 동안 '2차 팬데믹'을 겪어야 했다. 피해가 가장 심각했던 시기로 4년 동안 소나무 약 628만6,000그루가 재선충병에 걸려 죽었다. 2017년부터 진정세에 접어들면서 2020년 30만8천 그루, 2021년 37만8천 그루까지 피해 규모가 줄었다.[8]

정부는 재선충병에 감염된 나무가 줄어들기 시작한 2018년부터 재선충병 감염 및 고사목 방제(제거) 예산을 줄여 왔다. 2017년 596억 원이었던 예산은 2022년에 109억 원까지 감소했다.[9] 하지만 2022년 들어 재선충병 피해 나무가 106만6천 그루로 2년 새 3배 넘게 급증하면서 '3차 팬데믹'을 맞았다. 재선충병을 어느 정도 통제했다는 정부의 방심과 예산 부족에 따른 소극적인 방제 움직임이 누적된 결과로 분석되었다. 30여 년 동안 방제 등에 들어간 예산만 1조6,000억 원 이상, 수반되는 지방비까지 포함하면 총사업비는 2조 원을 훌쩍 넘어설 것으로 예상된다.[10]

이렇게 많은 예산을 집행했음에도 1988년 최초 발생 이후 현재까지 재선충병으로 잘려 나간 소나무는 무려 1,500만 그루를 넘어선다.[11] 머지않아 우리나라에서 소나무숲이 사라질 수 있다는 분석까지 나온다. 산림청은 일본 재선충병 전문가인 후타이 가즈요시 교토대 명예교수의 연구를 인용해 "재선충병을 방치하면 10년 이내에 우리나라 소나무 78%가 고사할 것"이라고 분석했다.[12]

기후변화도 재선충병 확산의 주요 원인이다. 날개가 없는 재선충은 솔수염하늘소와 북방수염하늘소 같은 매개충을 타고 이동하는데, 겨울철 가뭄과 봄철 고온으로 재선충을 옮기는 매개충의 우화(羽化) 시기가 앞당겨지고 있다. 활동 시기가 빨라지면 그만큼 성충으로 지내는 기간도 길어진다. 실제로 2023년에는 봄철 기온이 오르면서 재선충의 매개충이 2020년보다 10일 가까이 일찍 깨어났다.[13] 기후변화로 인해 재선충병이 더 쉽게 더 오래 퍼질 수 있는 환경이 만들어지고 있다. 국립산림과학원이 기후변화 시나리오를 이용해 분석한 결과 소나무재선충 매개충의 활동 시기가 빨라지는 지역이 점차 확대될 것으로 예측되었다.[14]

솔수염하늘소와 북방수염하늘소는 딱정벌레목 하늘소과에 속하는 곤충으로, 솔수염하늘소는 남부 지역과 제주도를 중심으로 분포하고, 북방수염하늘소는 제주도를 제외한 내륙에 분포한다.[15] 월평균 최저기온과 최고기온의 상승에 따라 하늘소의 잠재 서식지는 점차 북상할 것으로 예상된다. 2050년대에는 인천과 충청도의 서식지 적합성이 2배 가까이 증가할 것이라는 예측까지 제기된다.[16] 한반도 전역이 재선충의 매개충인 하늘소가 서식하기 좋은 조건으로 변화하면 소나무가 한반도에서 살아남기는 더욱 어려워질 것이다.

600년 대왕소나무의 빈자리

경북 울진 소광리 안일왕산(해발 819m) 꼭대기에는 600년 이상 살아온 소나무가 있다. 600살이나 된 나이에도 웅장한 자태를 갖추고 있어 '대왕소나무'라는 별명으로 불리며 사랑받는 금강소나무다. 금강소나무는 한국 소나무의 원형이자 삼국시대 이후부터 한반도의 문화, 역사와 함께해온 나무다. 지금도 국보급 문화재는 엄격한 절차와 심사를 거쳐 울진 소광리의 금강소나무로 복원과 수리를 하고 있다. 울진과 삼척, 봉화 등의 산림유전자원보호구역은 조선시대부터 500년 동안 산림보호구역으로 지정되어 금강소나무를 보호해오던 곳이자 금강산 이남 최고의 금강소나무 서식지다. 그중에서도 대왕소나무는 생육 환경이 좋지 않은 비탈면에 자리하고도 600년 이상 웅장한 자태를 유지해 보전 가치가 높았다. 다른 금강소나무들의 평균 수령인 약 150년보다 훨씬 긴 세월 동안 금강소나무숲을 지켜왔다.

이런 대왕소나무가 죽어가고 있다. 사실상 죽음에 이른 상태다. 고사 징후는 2024년 7월부터 나타나기 시작했다. 10월경부터는 수목의 활력이 사라지면서 녹색의 솔잎이 붉은색과 갈색으로 변했다. 12월에는 결국 잎이 탈락하면서 죽음의 마지막 단계에 접어들었다. 기후변화로 겨울철 수분 부족, 이상고온 등이 빈번하게 발생하면서 '수분 스트레스'가 높아졌기 때문이다.

수분 스트레스는 식물이 생존하는 데 필요한 수분과 대기로 분출하는 수분의 균형이 깨졌을 때 발생한다. 이상고온 현상으로 겨울에도 눈이 많이 오지 않거나 오래 지속되지 않아 수분이 부족해지면, 나무의 광합성량이 떨어지고 호흡량이 늘어나 체내 수분을 잃고 생장량이 감소한다. 나무가 자라나는 힘인 '수세'가 약해진 결과 말라 죽는 것이다.[17] 울진, 삼척, 봉화 지역에서는 2000년 이후 겨울철 적설량이 지속적으로 감소하고 있으며, 2010년 이후부터는 더욱 현저히 줄어들었다.

위기를 맞이하고 있었던 것은 대왕소나무만이 아니다. 울진 소광리 산림유전자원보호구역에 서식하던 금강소나무 또한 집단적으로 죽어가고 있다. 대왕소나무 옆에 함께 서식하고 있던 금강소나무 7개체는 2024년 8월 이전에 모두 고사했다. 2024년 여름철 극심한 폭염은 울진과 삼척 등의 산림유전자원보호구역에서 집단적인 금강소나무 고사를 초래했다.

금강소나무의 집단 고사 현상은 이미 10년 전부터 발생했지만, 최근 들어 그 규모가 계속 커지고 있다. 2024년 가을 기준으로 최소 1만 그루 이상이 고사한 것으로 추정되었다. 금강소나무 고사 현상은 2015년 울진 소광리에서 시작되었고 봉화와 삼척까지 확산했다. 2020년 이후에는 백두대간 일대에서 집단 고사가 나타났으며, 2022년부터는 설악산국립공원과 태백산국립공원, 왕피천 생태경관보전지역 등 백두대간과 낙동정맥 생태축 곳곳에서도 집단 고사가 확인되었다. 국립공원관리공단은 기후변화로 설악산국립공원과 치악산국립공원, 태백산국립공원의 현존하는 소나무 가운데 39~48%가 고사해 없어질 것으로 예측했다.[18]

산림유전자원보호구역과 국립공원의 금강소나무에 대한 특별 관리가 필요하다. 백두대간 보호구역을 비롯한 주요 보호구역에 서식하는 금강소나무는 보전적 가치가 높은 숲이다. 기후위기는 생물다양성의 위기다. 국립공원과 산림유전자원보호구역, 생태경관보전지역 등의 금강소나무 고사와 변화 상황을 생물다양성 위기 차원에서 접근해야 한다. 기후위기가 생물다양성에 어떤 영향을 미치는지를 조사하고 대책을 마련해야 한다. 무엇보다 기후위기로 스트레스를 받으면서 고사하는 금강소나무를 정밀 관찰해야 한다. 기후 스트레스로 죽어가는 금강소나무는 생물다양성 위기의 구체적인 모습이다. 집단 고사가 어떤 조건에서 어떻게 이루어지고 있는지 파악하고 기후위기 적응 차원에서 생물다양성 위기에 대응해야 한다.

우리가 잊고 외면하는 동안

 소나무를 포함한 침엽수는 기후변화의 영향을 가장 많이 받는 생물종 중 하나다. 동물보다 식물, 식물 중에서도 침엽수, 침엽수 중에서도 특정 고도에 사는 전나무류 등이 기후변화에 직접적으로 노출되어 죽어가고 있다. 한국을 비롯해 유럽, 아시아, 북미 등 주로 북반구에서 목격되는 공통적인 현상이다.[19]

 구상나무·분비나무·가문비나무 등 국내 고산 지역에 서식하는 주요 침엽수종들도 멸종 위기에 처해 있다.[20] 산림청은 2016년부터 멸종 위기에 몰린 고산 침엽수 중 구상나무, 분비나무, 가문비나무, 주목, 눈잣나무, 눈측백, 눈향나무 7개 수종을 중점적으로 보전해야 하는 수종으로 선정했다. 이들 7대 고산 침엽수종은 한라산과 지리산 등 전국 31개 산지 약 1만2,094헥타르(우리나라 산림면적의 0.19%)에 걸쳐 370여만 그루가 분포하고 있다. 이들 수종은 지역별로는 지리산(5,198헥타르), 한라산(1,956헥타르),

설악산(1,632헥타르) 등에 많이 분포하고, 수종별로는 구상나무 숲(6,939헥타르), 분비나무숲(3,690헥타르), 가문비나무숲(418헥타르) 등이 넓게 분포되어 있다.

산림청이 2019년부터 2020년 구상나무, 분비나무, 가문비나무 등 3개 수종의 숲을 대상으로 조사한 결과 가문비나무숲은 약 40%, 구상나무숲은 약 33%, 분비나무숲은 약 31% 임목쇠퇴도를 기록한 것으로 나타났다.[21] 임목쇠퇴도는 일정 면적 안에 있는 나무 중 고사한 나무와 생기를 잃고 죽어가는 나무가 차지하는 비율을 말한다. 조사 대상 숲에서는 어린나무가 나타나는 빈도도 급격하게 감소한 것으로 나타났다. 구상나무숲의 어린나무 출현 빈도는 2017~2018년 조사 때에 비해 약 43.5%, 분비나무 숲은 약 15%, 가문비나무 숲은 약 14.9%가 각각 줄어든 것으로 분석되었다. 임목쇠퇴도가 증가하는 상황에서 어린나무의 출현 빈도까지 감소하는 것은 고산 침엽수종의 멸종 위기가 심각해지고 있다는 의미다.

그중에서도 구상나무는 기후변화가 가져온 한반도 산림생태계 변화의 대표적인 사례로 꼽힌다. 학명이 'Abies Koreana'(아비에스 코리아나)인 구상나무는 한국에서만 자생하는 고유종이며 '한국전나무'로 불린다. 한라산, 지리산, 덕유산 등 해발 1,500m 이상의 고지대에서 집단 서식하고 있다. 구상나무는 1907년 프랑스 식물학자 위르뱅 포리 신부가 한라산에서 처음 채집해 서구에 전해졌고 유럽에서 종자를 개량해 크리스마스트리로 보급되면서 널리 알려졌다.[22] 세상에 이름을 알린 지 이제 겨우 100년이 좀 지나는 동안 구상나무는 멸종 위기에 직면하고 있다. 자생지인 한라산과 지리산에서 마주할 날도 얼마 남지 않아 보인다.

세계 최대 규모인 제주 한라산 구상나무숲의 면적이 약 100년 새 절반 가까이 줄어들었다.[23] 1918년 1,168.4헥타르에서 2021년 606헥타르로 48.1%(562.4헥타르)나 감소했다. 2000년대에 들어서면서 기후변화와 자연재해로 인해 숲의 쇠퇴 속도는 더 빨라졌다. 숲의 연평균 감소율은 1900년대 0.24~0.5%였으나 2006년 이후 1.37~1.99%로 가팔라지고 있다. 2013년 한라산에서 구상나무 집단 고사가 처음 알려진 이후 이제는 등산로에서도 집단 고사를 쉽게 볼 수 있다. 한라산 정상으로 가는 대표적인 등산로인 성판악 코스의 진달래밭 대피소부터 백록담 사이의 해발 1,700m 일대는 구상나무의 고사목 전시장으로 변한 지 오래다.[24]

지리산 구상나무의 대표적인 집단 서식지인 천왕봉, 중봉, 하봉 구간과 반야봉 일대에서도 집단 고사가 빠른 속도로 확산하고 있다. 지리산 정상봉인 천왕봉, 중봉, 하봉 등의 집단 서식지 중에는 고사한 구상나무 비율이 전체 수목의 90%에 달하는 곳도 있다.[25] 지리산 고산 지역의 생태계를 대표하는 구상나무는 지난 2010년 전후부터 죽어가기 시작해 2015년부터 본격적으로 집단 고사가 확인되었다. 2018년부터는 지리산의 주요 탐방로에서도 관찰될 정도로 집단 고사가 확산했다. 2020년 여름부터는 한라산보다 지리산에서 집단 고사가 더 많이 관찰되고 있다.

세계자연보전연맹은 2013년에 구상나무를 멸종위기종으로 지정했다. 구상나무는 국제적인 멸종위기종으로 세계자연보전연맹의 적색목록, 즉 멸종위기생물 목록에 절멸 위험이 매우 큰 '위기' 종으로 분류되어 있다. 구상나무는 1998년에 '준위협'으로 지정되었다가 15년 만에 위험등급이 두 단계나 상향 조정되면서 멸종위기 범주에 포함되었다. 그만큼 구상나무가 멸종에 빠르게 접근하고 있기 때문일 것이다. 소나무와 구상나무 등 침엽수는 생물다양성 위기에 직면한 대표적인 생물종이다. 지구상의 침엽수 종의 34%가 '멸종' 또는 '위기'에 직면해 있다.[26]

구상나무는 국제적인 멸종위기종으로 꼽히지만 한국에서는 멸종위기종이 아니다. 환경부가 지정하는 멸종위기 야생생물 목록에 구상나무는 포함되어 있지 않다. 환경부가 조사 등을 할 수 있는 '관찰종'으로만 지정되어 있다. 멸종위기종은 5년마다 개정되는데, 2027년이 되어야 다음 개정이 이루어진다. 그때가 되면 지리산과 한라산의 구상나무 '집단 자생지'가 '집단 고사지'로 바뀌어 있을지도 모른다.

국제사회는 10년 전부터 기후변화에 취약한 침엽수에 대응하기 위해 세계자연보전연맹에 침엽수위원회를 두고 활발한 조사 활동을 지속하고 있다. 하지만 환경부는 기후위기와 생물다양성의 위기에 관심을 두고 있는 국제적인 흐름과는 달리 미온적이다.[27] 멸종위기종에 대한 책임이 있는 정부가 구상나무를 멸종위기종에 등재하고 보호 대책을 마련해야 한다.

구상나무는 한 해가 다르게 더욱더 빠르게 죽어가고 있다. 이대로 이어지면 구상나무는 한반도 육지에서 기후위기로 인해 멸종하는 첫 번째 생물종으로 기록될지 모른다. 구상나무는 멸종위기종이다.

대형산불은
자연재난이 아니다

기후변화가 키운 산불

한국의 봄은 겨울을 지나 점점 기온이 상승하면서 대기가 건조해지고 지역에 따라 강풍이 부는 곳이 많아 산불이 가장 많이 발생하는 계절이다. 비는 여름에 집중해서 내리고 겨울부터 봄까지는 차갑고 건조한 대륙 고기압의 영향을 받아 겨우내 쌓인 낙엽이 건조해진다. 겨울에 눈이 많이 오지 않으면 건조한 낙엽에 불이 옮겨붙어 빠르게 확산할 수 있다. 2015년부터 2024년까지 최근 10년간 전체 산불의 55.5%가 봄철에 집중된 이유다. 산불은 가을에 8.5%, 겨울에는 26.7%가 발생하고, 여름철의 경우 약 9%를 차지한다.

월별로는 봄이 시작되는 3월(25%)과 4월(21%)에 산불이 가장 많이 발생한다. 예로부터 "아까시나무 꽃이 피면 산불은 끝난다"는 말이 전해져 왔다. 아까시 꽃이 피는 5월에 접어들면 산불이 거의 발생하지 않는다는 의미였다. 나무들이 물을 머금어 수분함량이 많아지고 녹음이 짙어지는 5월 이후에는 산불이 나더라도 크게 번지지 않았기 때문이다. 하지만 최근 들어 이런 속설도 깨지고 있다. 최근 10년 동안 5~6월에 발생한 산불은 총 882건으로 전체 산불 중 16%를 차지하고 있다.[1] 2000년대까지만 해도 5월 정도가 되면 산림 속 낙엽이나 마른 나뭇가지 등이 물을 머금고 있는 경우가 많았다.

하지만 기후변화로 5월 기온이 올라 따뜻한 공기가 산림 속으로 유입되고 낙엽 등이 바짝 마른 상태를 유지하면서 산불이 자주 발생했다. 대형산불은 3월 초순부터 4월 중순 사이 집중된다는 인식도 바뀌고 있다. 5월까지도 100헥타르 이상의 산림이 불에 타버리는 대형산불이 발생하고 있어서다. 그동안 3~4월에 주로 발생했던 대형산불이 2017년 5월에 강릉과 삼척에서, 2020년 5월에는 고성에서 발생했다.[2]

최근에는 겨울철에도 평균기온이 높아지고 건조한 날씨가 지속되면서 산불이 늘어나고 있다. 1990년대에는 12~1월에 평균 38건 발생했던 산불이 2010년대에는 52건, 최근 10년 동안에는 82건(13%)으로 증가했다.[3] 여름에도 마른장마와 폭염으로 인해 산불이 늘고 있다. 이렇게 최근 10년 동안 산불 조심 기간(통상 봄과 가을) 외에 산불이 발생한 비율이 28.3%에 달하고 있다. 이제는 특정 계절과 기간이 아니라 사시사철 산불을 조심해야 하는 상황이다. 산불 발생 일수도 1990년대 연간 112일에서 2010년대에는 143일, 최근 3년(2020~2022년)은 204일로 증가하면서 산불

이 연중화하는 현상이 뚜렷해지고 있다.[4]

 기후변화는 지구의 평균기온 상승에 그치지 않고 강수량 변화와 극단적인 기상·기후 현상을 증가시킨다. 기후변화가 산불을 직접 일으키지는 않지만 산불 발생 조건에는 직접적인 영향을 끼친다. 봄철에는 가을부터 쌓인 낙엽과 잔가지가 건조해지고, 갑자기 상승한 기온과 강한 바람이 결합해서 산불 발생 위험이 극대화된다. 습도도 산불의 확산에 영향을 미치는데, 공기 중 실효습도가 40% 이하로 떨어지면 낙엽의 수분함유량이 10% 정도 낮아진다. 수분함유량이 15%인 낙엽은 35%인 낙엽과 비교했을 때 발화율이 약 25배 높아진다.[5] 지구 평균기온과 함께 봄철 기온도 꾸준히 오르고 숲 내부의 수분을 증발시키면서 건조한 환경을 만들고 있다. 건조한 숲은 산불의 주요 연료가 되며 부주의하게 버린 작은 불씨가 대형산불의 도화선 역할을 한다. 게다가 봄철 강수량이 뚜렷하게 감소하면서 산림의 습도가 더욱 낮아져 전국 어디서든 산불이 발생하기 충분한 조건이 만들어지고 있다.[6]

 한국은 원래 봄철 대형산불에 취약한데, 기후변화로 인해 그 추세가 강화되고 있다.[7] 1981년부터 2020년까지 지난 40년 동안 봄철 건조 경향과 산불의 관계를 분석한 결과를 살펴보면, 대기 중 수증기량인 상대습도는 1980년대 71.3%에 달했다가 지속적으로 낮아지는 경향을 보였다. 최근 10년 다소 높아졌지만 67.4%에 머물고 있다. 1980년대 12.2도였던 전국 평균기온은 2010년대에는 13.1도로 높아졌다. 봄철이 점점 더 고온 건조해지고 있다.

지난 100년(1923~2022년) 동안 강원 강릉·동해·삼척시와 경북 울진군의 기상 관측 자료를 분석한 결과를 보면[8], 연평균 겨울 기온이 4도 상승하고 연간강수량은 17㎜ 감소하면서 상대습도는 8% 낮아진 것으로 나타났다. 지난 100년간 이들 지역 기후가 춥고 습한 겨울에서 따뜻하고 건조한 겨울로 바뀌면서 산림이 화재에 더 취약해지고 있다는 의미다.

기후변화로 인한 고수온 현상도 간과할 수 없다. 최근 한반도 해역 수온은 지난 100년간 약 1.5도 상승했는데, 이 수치는 전 세계 평균인 0.6도보다 2.5배 가파르다. 문제는 기후변화로 한반도 인근 바다가 빠르게 뜨거워지고, 데워진 공기가 팽창하면서 남쪽 고기압 세력을 강화한다는 점이다. 이에 따라 과거보다 더 강력한 남고북저형 기압계 배치가 자주 나타나고 더욱 강력한 서풍이 불면서 최근 들어 영동과 영남을 중심으로 강력한 산불이 계속 발생하는 것이라는 분석이다.[9]

영남 지역의 대형산불이 시작된 2025년 3월 하순에도 고온건조한 날씨에 강한 바람이 더해지며 산불에 최적화된 기상 조건이 이어졌던 것으로 분석되었다.[10] 3월 기온이 평년 대비 1.5도 이상 높고 상대습도는 낮은 날이 이어졌다. 남쪽에서 이동성고기압이 느리게 이동하는 기간 북쪽에 저기압이 통과하면서 큰 기압차가 생긴 탓에 서풍이 강하게 불어 산불 발생과 확산이 쉬운 조건이 형성되었다.

이상고온 현상도 관찰되었다. 3월 21일부터 기온이 큰 폭으로 올라 하순에는 이례적으로 더운 날이 이어졌다. 전국 62개 관측 지점 중 37개 지점에서 역대 3월 중 가장 높은 기온이 경신되었다. 하순에는 비가 거의 내리지 않아 건조한 날씨가 이어졌다. 경북 지역을 중심으로 상대습도가 평년 대비 15% 이상 낮았다. 특히 3월 21~26일에는 전국 평균기온이 14.2도로 역대 최고였으며 강수량은 가장 적었다. 경북 의성의 평년 2월 강수량은 22.6㎜였지만 2025년 2월은 4.8㎜로 5분의 1에 불과했다. 목재의 건조한 정도를 나타내는 실효습도도 의성 41%, 안동 36% 등으로 낮은 수준이었다.[11]

여기에 지형 요소까지 크게 작용했다. 영남 지역은 골짜기가 많은 험한 산악 지형으로 골바람과 국지성 돌풍이 불며 바람의 방향이 수시로 바뀌었다. 그동안 주로 동해안 지역에서 발생하던 봄철 대형산불이 영남 내륙에서 크게 번진 것도 기후 조건과 함께 지형 조건이 작용한 것으로 분석된다. 지난 20년간 영남 지역의 3월(1~25일) 강풍특보 발표 횟수를 살펴보면, 2005~2010년 1~9회에 불과했던 것이 2021~2025년에는 6~24회에 달했다. 2024년과 2025년 3월 특보 횟수는 24회와 23회로 지난 20년 중 가장 많았다.[12]

강풍특보는 육상에서 풍속이 초속 14m, 순간풍속이 20m 이상이 예상(주의보)될 때 발표된다. 산불이 번져나간 3월 25일 일 최대순간풍속(초속 기준)은 의성 14.5m, 안동 19.7m, 청송 25.1m, 영양 16.5m, 영덕 25.4m였다. 이날 이들 지역에 초속 17m 이상의 태풍급 강풍이 불었던 것이다. 풍속이 초속 10m 이상이면 간판이 떨어져 나가고, 20m가 넘으면 사람이 가만히 서 있기도 힘든 수준이다. 경사가 가파르고 골짜기가 많은 경북 지역의 지형 조건은 방향을 예측하기 어려운 국지풍을 만들었다. 국립산림과학원 실험 결과, 30도 경사가 있는 지형에 초속 6m의 바람이 불 때 바람이 없는 평지보다 화재 확산 속도가 26배나 빨라졌다.[13]

최근 10년 동안(2015~2024년) 한국에서는 5,455건의 산불이 발생했고 피해 면적은 서울 면적 6만520헥타르의 66%에 달하는 4만32헥타르였다. 그리고 2025년 3월에 경남과 경북 지역에 발생한 대형산불에 따른 피해 면적은 10만4천 헥타르로, 지난 10년 동안의 합계 피해 규모를 2배 이상 훌쩍 뛰어넘는 역대 최대 규모였다.

산불로 인한 피해 면적이 100헥타르 이상이고 산불 지속 기간이 24시간 이상 이어질 때 대형산불로 분류되는데, 한국에서 대형산불은 주로 강원 동해안 지역에서 3월과 4월에 집중적으로 발생했다. 1991년부터 2024년 사이 발생한 대형산불 74건 중 절반인 37건이 강원 동해안 인근에서 발생했다. 앞서 살펴본 것처럼 산불 확산에 영향을 미치는 3요소인 지형, 기상, 연료를 모두 갖춘 지역이다. 하지만 최근 들어서는 대형산불이 강원과 경북 동해안뿐만 아니라 경남과 전남, 충남 등 점차 내륙과 서해안 쪽으로 확산하고 있다.

2000년 강릉, 동해, 삼척에서 발생한 동해안 산불은 2025년 3

월에 발생한 대형산불 이전까지 역대 가장 큰 피해 면적을 기록한 산불이었다. 산불로 인한 피해만 2만3,794헥타르에 달했고, 주택 등 건물 800여 채가 불탔다. 2005년 양양에서 발생한 대형산불은 산림과 주택뿐만 아니라 천년 고찰 낙산사를 불태웠다. 2013년에는 인구가 밀집해 있는 경북 포항과 울주에서도 대형산불이 일어났다.

  2017년부터 2023년까지는 매해 연이어 32건의 대형산불이 발생했다. 2017년 강릉·삼척 산불, 2018년 고성 산불, 2019년 고성·강릉·인제 산불, 2020년 울주·안동·고성 산불, 2021년 예천·안동 산불, 2022년 울진·삼척·강릉 산불 등, 2023년 홍성 산불까지 해마다 대형산불이 발생했다. 특히 2022년에는 총 11건의 대형산불이 발생했는데, 3월 4일에 발생한 울진·삼척 산불은 1만6,302헥타르의 산림을 소실시켰으며 진화 소요 시간은 213시간 43분으로 역대 최장 기간 산불로 기록되었다. 2023년에는 대형산불 8건이 발생했는데, 4월에 발생한 충남 홍성과 금산·대전 산불, 전남 순천과 함평 산불은 대형산불이 점차 내륙과 서해안에서까지 발생할 수 있다는 것을 보여준 사례다. 대형산불에 안전한 지역이 없어지고 있다는 의미다.[14]

전 세계가 불타고 있다

2025년 초, 대형산불이 미국 로스앤젤레스(LA)를 덮쳤다. 1월 7일 LA 카운티 곳곳에서 동시다발적으로 발생한 화재는 29명이 사망하고 건물 1만8,000채가 소실되는 큰 피해를 남기고서야 24일에 겨우 진압되었다. LA 산불이 급속히 번진 원인으로 국지성 돌풍인 '산타아나 강풍'이, 근본 원인으로는 기후변화가 지목되었다. LA는 통상적으로 10월부터 이듬해 4월까지 우기다. 그런데 2024년 10월부터 거의 비가 내리지 않았다. 우거진 수풀이 가뭄으로 메마르면서 불쏘시개가 되었고 돌풍이 겹치면서 산불 피해가 더 커졌다.[15]

일본에서도 2025년 2월 말 이와테현 일대에서 시작된 산불로 1명이 사망하고 산림 2,900헥타르가 소실되며 시설물 100여 채가 피해를 보았다. 일본에서 최근 30년간 가장 큰 피해를 기록한 뒤 11일 만에 진압된 이 산불도 기후변화와 관련이 있는 것으로 분석되었다. 국립산림과학원은 전 세계적으로 해수면 온도가 상승하면서 대기 순환에 영향을 주고, 건조하고 강한 바람이 발생해 산불 위험을 증가시키는 요인이 되고 있다고 분석했다.[16] 실제로 이와테현의 2025년 2월 강수량은 2.5㎜로 평년 41.0㎜ 대비 6%에 불과했으며, 특히 2월 18일부터 건조주의보가 발령되면서 위험이 더욱 고조되었다. 평균 상대습도 역시 52%(2.26)로 평년 대비 10%p 낮았다.

1979년부터 2022년까지 약 43년간 일본을 포함한 여러 지역의 온도, 상대습도, 풍속 등의 기상 자료를 분석한 결과, 더운 날씨와 건조한 기상 조건이 산불 발생을 촉진하는 요인으로 작용하는 것으로 나타났다. 이는 과거보다 덥고 습윤한 기후에서 덥고 건조한 기후로 변화하고 있는 세계적인 경향과 일치한다. 2013년 이후 일본에서는 연평균 735헥타르의 산불 피해 면적이 발생했으나 이와테현 산불은 2,900헥타르로 10년 평균 대비 3배에 달했다. 이는 LA 산불 사례와 마찬가지로 전 세계적으로 산불 규모가 점차 증가하고 있음을 보여준다.

대형산불은 전 세계 곳곳에서 해마다 발생하고 있다. 건조한 날씨가 이어지는 계절에 조그만 불씨가 강풍을 타고 급속도로 번져 막대한 피해를 미치는 대형산불의 전형적인 모습이다. 또한 최근 몇 년간 전 세계적으로 발생한 대형산불은 그 규모와 피해 면에서 이전과는 비교할 수 없을 정도로 막대하다.

2019~2020년 동안 호주에서 6개월에 걸쳐 발생한 대형산불은

한국 면적의 2.4배인 2,400만헥타르 이상을 태웠다.[17] 33명이 직접적으로 목숨을 잃었고, 450여 명이 연기 흡입 등의 영향으로 사망했다. 캥거루와 코알라 등 최소 10억 마리의 동물이 죽은 것으로 추정되었고, 이재민 10만 명이 발생했으며, 시설물 1만1,330여 채가 파괴되었다. 산불로 인한 연기는 11만3천㎞ 떨어진 남아메리카 대륙의 대기질에까지 영향을 미친 것으로 보고되었다.

2023년 캐나다 전역에서 동시다발적으로 발생한 대형산불은 약 5개월간 지속하며 캐나다 역사상 최대 규모인 1,500만헥타르를 불태웠고 23만2천여 명이 대피해야 했다.[18] 이 산불로 방출된 연기와 오염물질은 국경을 넘어 남하하면서 미국 워싱턴DC와 펜실베이니아, 뉴욕 등을 포함한 미국 동부 일대에 유입되었고 대기오염에 노출된 사람은 약 1억 명에 달했다.

2023년 8월에 발생한 미국 하와이 마우이섬 산불은 100명 이상의 목숨을 앗아갔고, 2024년에 발생한 미국 텍사스 산불은 열흘 가까이 지속하며 서울 크기의 7배 이상인 43만5천 헥타르를 불태우면서 텍사스주 역사상 최대 규모 화재로 기록되었다.[19] 유럽에서는 2023년 스페인에서 40년 만에 최악의 산불이 발생했으며, 여름철마다 산불에 시달리는 그리스에서는 기록적인 폭염 속에 산불이 발생해 20명이 숨지고 서울보다 넓은 8만1천 헥타르가 탔다. 2024년 2월 칠레 중부의 발파라이소주에서 발생해 3월 중순까지 이어진 산불은 100년간 칠레에서 발생한 산불 중 가장 치명적인 산불로 기록되었다. 칠레 정부는 이 산불을 2010년 칠레 대

지진 이후 최악의 재난으로 규정했다.

이전에는 미국과 캐나다 등 일부 국가에 대형산불이 집중되었다면, 이제는 유럽, 남아메리카는 물론이고 과거 산불 위험이 없었던 인도 북부 히말라야, 북극 등에서도 산불이 빈번히 발생하면서 전 세계가 불타는 상황이 되고 있다.[20] 이런 현상은 이상고온과 가뭄으로 인해 삼림 내 수목이 건조해지는 것이 주요 원인으로 지목되며 곳곳에서 발생하는 거센 돌풍 또한 산불 피해를 키운 것으로 나타났다.[21]

문제는 앞으로 기후변화가 심각해질수록 대형산불이 전 세계적으로 더 자주 더 크게 발생할 수 있다는 점이다. 유엔환경계획은 21세기 말까지 전 지구 기온이 1.3도 상승할 경우 2030년까지 대형산불이 최대 14%, 2050년까지 최대 33%, 21세기 말까지는 최대 52% 증가할 것으로 예측했다. 또한 21세기 말까지 2.7도 상승할 경우에는 대형산불이 2100년에 최대 57%까지 증가할 것으로 예상했다.[22] 한국도 마찬가지다. 국립산림과학원이 기후변화에 관한 정부간 협의체(IPCC) 6차 보고서가 정한 온실가스 감축 경로 시나리오인 공통사회경제경로(SSP)를 이용해 분석한 결과[23], 지구 기온이 21세기 말까지 2도 미만으로 상승하는 경우 한반도 산불 위험도는 2040~2070년에 31%, 2071~2100년에는 47.1% 증가하는 것으로 전망되었다. 또한 21세기 말까지 2.7도 상승할 경우에는 2100년까지 대형산불이 59.4% 증가하는 것으로 예측되었다.

지나간 뒤에 남은 재난

 기후변화가 산불이 연중화, 대형화하는 환경을 만들고 있지만, 대형산불을 기후위기 탓으로만 돌릴 수는 없다. 전 세계적으로 산불은 번개와 같은 자연 발화가 주요 원인이지만 한국은 사정이 다르다. 한국에서 산불은 대부분 사람의 부주의 때문에 발생한다. 최근 10년간 산불 원인을 보면, 입산자 실화가 31%, 쓰레기 소각 13%, 논·밭두렁 소각 11.0%, 담뱃불 실화 7%, 성묘객 실화 3%로 전체 산불의 절반이 넘는 원인이 사람에 의한 실화나 소각 행위 때문이었다.[24]

 최근에는 산림 인접지가 개발되고 산림 주변으로 주거공간이 확대되면서 숲 가까이 위치한 건축물이나 시설물에서 발생한 화재(6%)가 산에 옮겨붙는 경우도 많아지고 있다. 산림 인근 펜션에서 시작된 불이 산림 161헥타르를 태운 2018년 2월 삼척시 노곡면 산불, 주택 화재 비화로 산림 123헥타르가 불탄 2020년 5월 1일

고성군 토성면 산불 모두 산림 인접 지역에서 발생한 화재가 강풍을 타고 산으로 번지면서 대형산불로 확산한 사례다.[25] 특히 주택 화재로 인한 산불은 야간에 주로 발생하면서 산불 대응이 어렵고 피해 규모가 커진다.

인간의 실수나 부주의로 시작된 불이 인간에 의해 발생한 기후변화로 더 확산한다는 점에서 대형산불은 자연재해가 아니라 인재(人災)라고 할 수 있다. 사람의 잘못으로 벌어진 대형산불이라는 재난은 산불을 끄는 과정에서부터 산불이 꺼진 후에도 오랜 기간 피해를 남긴다. 2025년 3월 발생한 대형산불은 산불 진화 체계 전반의 문제점을 드러냈고, 농촌에 거주하는 재난에 취약한 고령층에 큰 피해를 입혔다.

산불 초기에 불을 끄러 갔던 공무원과 산불전문예방진화대원(진화대원)이 숨졌고, 산불 진화에 투입된 헬기가 추락하면서 조종사가 숨지는 안타까운 일도 벌어졌다. 이 가운데 단기 계약직이 중심이 된 진화대원들의 처우가 논란이 되었다. 한국에서 산불의 진화를 책임지는 진화대원들은 전국에 약 1만 명에 달하지만 평균 연령 61세인 고령층이고 대부분 산불 진화 경험이 없는 비전문 인력이다.[26] 6개월~1년 계약을 체결한 기간제이고 10시간 법정 교육 시간만 거치면 진화대원이 될 수 있다. 진화대원은 사실상 취약계층 공공근로, 노인 일자리 성격이다.

이들은 주로 산불 예방과 잔불 정리 작업을 맡지만, 대형산불이 발생하면 진화에 직접 투입된다. 고령에다 제대로 된 장비도 갖추지 못한 진화대원에게 산불 진화 작업을 의존하고 있는 것이 현실이다. 산림청에도 산불 진화 전문 인력이 있다. 그러나 공중진화대 104명, 산불재난특수진화대 435명 등으로 모두 합쳐 539명에 불과하다.[27] 전국의 산불을 모두 맡기에는 턱없이 부족한 숫자다.

대형산불이라는 재난은 어김없이 재난 취약계층인 노인에게 큰 피해를 입혔다. 피해자 대부분이 70대 안팎의 노인들이었다. 스스로 힘으로 대피하기 힘든 노인들에게 재난안전문자는 아무런 도움이 되지 못했다. 이들은 대피 중에 사망하거나 집에서 사망하기도 했다. 대형 재난·재해 시 도시에 비해 농어촌 노인들에 대한 실질적인 재난 대피 방안이 마련되어야 한다는 지적이 나오는 이유다.[28] 농어촌은 재난 대비에 필요한 시스템이 제대로 구축되어 있지 않고, 행정안전부가 농어촌 지역의 재난에 대비해 자율방제단을 꾸려 운영하고 있지만 자율방제단조차 대부분 노인인 현실이다.

다행히 대피했더라도 대형산불로 집을 잃은 이재민들은 조립식 주택이나 긴급 공공임대주택 등 임시 거처에 들어가기 전까지는 대피소에 머물러야 한다. 임시 거처가 생겨도 자신의 생업인 농사를 지어야 하는 농경지와 멀리 떨어진 경우가 대부분이다. 임시 거처에 머물 수 있는 기간인 2년은 생계가 끊어진 이재민들이 자신의 집으로 돌아가기에는 너무도 짧은 기간이다.[29] 정부와 지자체는 주택이 모두 타버린 전소의 경우 규모에 따라 2천만~3,600만 원, 일부가 불탄 반소는 1천만~1,800만 원의 주거비를 지급한다. 여기에 전국에서 모인 성금이 배분된다. 하지만 정부지원금과 성금까지 받더라도 집을 새로 짓기에는 턱없이 부족하다.[30]

"실수로 산불을 내더라도 3년 이하의 징역형에 처해질 수 있으니"와 같은 안전안내문자가 아니더라도 불씨가 되는 사람의 실수는 어느 정도 줄일 수 있다. 폐기물 소각 금지 등의 홍보와 단속에만 그칠 것이 아니라 농촌에서 쓰레기를 소각할 필요가 없도록 폐기물 수거 시스템을 개선하는 것도 필요하다.[31] 농촌 주민들이 산불 위험을 알면서도 쓰레기를 태우는 것은 관행처럼 해온 측면도 있지만 내다버리기 어려운 환경 탓도 있다. 화장한 유골을 납골당에 안치해 성묘를 위해 산을 찾을 필요가 없도록 장묘문화를 가꿔가는 것도 중요하다. 산불의 연료가 되는 나무와 숲의 복원도 어려운 과제다.

경북 산불은 산림청 등 정부가 진행해온 기존 산림 관리 방식으로는 대형산불을 막을 수 없다는 사실을 보여주었다. 지금까지 한국의 산림 관리는 임업경영을 중심으로 예산과 조직이 편성되어 왔다. 숲은 단순한 자원 공급지가 아니라 생물다양성의 보루다. 그런데 수익성과 효율성만 앞세워 침엽수 위주의 경제림 조성과 무분별한 벌채를 지속했다. 그 결과 숲은 화재에 극도로 취약한 구조로 방치되었다. 지금 필요한 것은 자연림과 인공림을 아우르는, 통합적이고 생태적인 산림 관리 체계로의 전환이다.

마지막으로 더 어려운 문제가 남아 있다. 인간에 의해 발생한 기후변화 때문에 산불에 취약해지는 환경을 인간이 통제할 수 없다는 점에서다. 하지만 기후위기와 대형산불로 집과 삶의 터전을 잃고 몸과 마음을 다친 사람들이 일상으로 회복할 수 있는 대책을 제대로 마련하는 것에서부터 시작할 수 있다. 대형 재난·재해 시 재난 취약계층인 노인들을 위한 실질적인 재난 대피 방안을 포함한 재난 대응 시스템 재구축도 시급하다. 무엇보다 대형산불과 같은 재난의 책임이 정부에 있다는 점을 다시 한번 명확히 할 필요가 있다. 대형산불은 정부가 책임져야 하는 기후 재난이다.

누구나 같지 않은 기후위기

무너지는 마지노선

 2015년 파리협정 체결을 계기로 선진국과 개발도상국을 포함한 모든 국가에 온실가스 감축 의무가 부여되었다. 파리협정의 목표는 산업화 이전 대비 지구 평균온도 상승을 2도 훨씬 아래로 유지하고 나아가 1.5도로 억제하기 위해 노력하는 것이다. 이를 달성하기 위해 부속서 I 국가로 불린 선진국의 의무적 온실가스 감축목표를 규정한 교토의정서와 달리 당사국 모두에게 온실가스 감축목표를 포함한 국가결정 기여를 자발적으로 정하도록 했다. 모든 당사국은 파리협정의 목표를 고려해 5년마다 온실가스 감축목표를 제출해야 하며, 차기 온실가스 감축목표를 제출할 때 기존보다 진전된 목표를 제시해야 한다.
 파리협정을 채택한 2015년 제21차 유엔기후변화협약 당사국총회는 지구 온도가 산업화 이전 대비 1.5도 상승하는 경우 발생하는 변화에 대한 과학적 예측을 기후변화에 관한 정부간 협의체

(IPCC)에 요청했다. 이에 IPCC는 2018년 '지구온난화 1.5도 특별보고서'[1]를 통해 산업화 이전 대비 지구 평균온도가 2도 상승하면 1.5도 이하로 상승을 억제했을 때보다 기후변화로 인한 위험이 훨씬 더 증가한다는 연구 결과를 발표했다.

보고서에 따르면, 지구 온도가 1.5도 상승하면 지구 중위도 지역은 산업화 이전 수준보다 3도 더 더워진다. 2도 상승하면 중위도 지역은 산업화 이전보다 약 4도 더 더워진다. 지구 온도가 1.5도 상승하면 전 세계 인구의 약 14%가 5년에 한 번씩 극심한 폭염을 겪을 것으로 예상되고, 2도까지 높아지면 폭염을 겪는 인구 비율이 37%로 확대된다.

폭염과 가뭄이 동시에 발생하는 빈도도 높아질 것으로 예상되고, 1.5도에서 2도로 상승하면 가뭄피해 면적도 더욱 확대된다. 북미와 유럽, 호주, 중남미에 걸쳐 가뭄이 발생할 수 있고, 아프리카와 남미, 유럽의 여러 지역에서는 농업 및 생태 가뭄의 빈도 또한 심각해질 정도로 증가할 수 있다. 이는 호주와 북미·중앙아메리카에서도 마찬가지다. 아시아를 제외한 거의 모든 대륙에서 가뭄피해가 발생할 전망이다.

또한 1.5도 상승하면 아프리카와 아시아, 북미 및 유럽의 대부분 지역에서 강수량이 많아지면서 홍수가 다발적으로 발생할 수 있다. 2도 상승하면 강수량 규모가 더 증가하면서 홍수가 더욱 빈번해지고 심해질 수 있다. 도시 지역의 강우량 증가는 지표수 증가를 유발하고, 해안 도시들에서는 해수면 상승과 폭우 등으로 홍수가 빈번하게 발생할 우려가 커진다.

　1.5도 상승하면 해수면은 1986~2005년 대비 0.26~0.77m 올라가고, 2도 상승하면 0.30~0.93m 상승할 전망이다. 해수면 상승은 21세기 내내 지속되어 지구 해안선의 약 3분의 2가 해수면 상승에 영향을 받는다. 세기마다 한 번씩 발생했던 해수면 상승으로 인한 사건은 2100년까지 매년 발생할 수 있다. 저지대 해안 지역은 홍수 위협에 시달릴 것이고, 해안 지역의 모래도 대부분 침식될 수 있다.

　1.5도 상승하면 북극해는 100년 한 번씩, 2도 상승하면 10년에 한 번씩 여름에 얼음이 얼지 않을 수 있다. 100년 한 번 얼지 않으면 다시 복원할 수 있지만 10년에 한 번 얼지 않으면 다시 원상태로 돌아가기 어렵다. 얼음이 없는 북극은 알베도 효과로 인해 검푸른 바다가 태양으로부터 더 많은 열을 흡수해 지구온난화를 더욱 부채질한다.

　1.5도 상승하면 해양생물들이 고위도로 이동하면서 새로운 생태계가 등장하지만 기존 해양생태계에는 엄청난 피해가 발생한다. 이런 종의 이전으로 북반구 고위도 지역은 일시적으로 어업량이 늘어나는 이득을 볼 수 있지만, 궁극적으로 이런 변화는 인간에게 해를 끼친다. 2도 상승하면 이런 위협은 더 높아진다. 홍합 같은 조개류도 위험에 처하고, 산호초와 다시마숲 등 움직일 수 없는 해양생물은 직격탄을 맞는다.

　1.5도 상승하면 전 세계 산호초는 70~90% 감소하고 2도 상승

하면 99% 이상 감소하면서 멸종할 수 있다. 산호초의 파괴는 지역의 생물다양성을 급격히 감소시킨다. 이는 음식과 생계, 해안 보호, 관광 및 기타 생태계 서비스 등 산호초에 의존하는 전 세계 사람들 약 10억 명에게 직접적인 피해를 미친다. 어업과 양식업 또한 생산성이 떨어질 것이다. 1.5도 상승하면 세계 해양어업 연간 어획량이 약 150만 톤 감소하고, 2도 상승하면 300만 톤 이상 감소한다.

지구온난화는 빈곤층을 증가시킨다. 지금도 전 세계 많은 사람들은 지구온난화로 인해 발생하는 자연재해에 취약한 상태에 처해 있다. 일부 원주민이나 농업에 의존하는 지역사회, 생계를 위해 해안 자원에 의존하는 사람들이 여기에 해당한다. 특히 취약한 곳은 북극 생태계, 건조지 지역, 작은 섬나라, 최빈국 등이다. 지구온난화로 1.5도 상승하면 수억 명이 빈곤에 노출되고 전 세계 인구수가 감소할 수 있다. 2도 상승하면 옥수수와 쌀, 밀을 비롯한 작물 수확량이 대폭 줄어든다. 이런 결과는 사하라사막 이남의 아프리카, 동남아시아, 중남미에서 특히 두드러진다.

가축도 부정적인 영향을 받을 것으로 예상된다. 폭염에 의한 사망자도 늘어날 수 있다. 여기에 말라리아와 뎅기열 등 매개 질병에 감염된 사람들의 수가 매년 증가할 것으로 예상된다. 2도 상승하면 이런 매개 질병이 발생하는 지역이 더 광범위해질 수 있다.

IPCC는 2023년 발표한 '제6차 종합보고서'[2]에서 2011~2020년 동안 전 지구 평균 지표 온도가 1850~1900년보다 1.09도 상승했다고 밝혔다. 이 보고서는 온난화가 심각해지면서 가까운 미래(2021~2040년)에 기온 상승폭이 1.5도에 도달할 것이라고 경고했다. 1.5도 제한 목표를 달성(50% 확률)하기 위해 2020년 이후 인류에게 허용된 온실가스 배출량은 약 5천억 톤이다. 최근 전 세계 온실가스 배출량이 530억 톤 수준인 것을 고려하면 2030년 이전에 고갈될 수 있다. 기후위기가 심화하면서 1.5도에 도달하는 시기는 더 빠르게 다가오고 있다.

　세계기상기구는 2023년 5월, 앞으로 5년(2023~2027년) 이내에 1.5도 마지노선이 무너질 가능성이 66%에 달한다고 분석했다. 그런데 이미 2024년 지구 온도가 산업화 이전 평균보다 약 1.55도 상승하면서 일시적으로나마 1.5도를 넘어섰다. 한 해 기온만으로 마지노선이 깨지거나 장기 목표를 달성하지 못한 것으로 평가하기는 이르다. 하지만 IPCC가 최근 예상했던 1.5도 초과 시점이 2021~2040년 중이었다는 점을 고려하면, 기후변화가 가속화하고 있다는 경고임이 분명하다.

　지구 평균 기온이 개별 연도에 1.5도를 초과했더라도 더이상 오르지 못하도록 해야 하고 1.5도를 초과하는 기간을 최대한 줄여야 한다. 지구 온도 상승을 1.5도로 제한하기 위해서는 2030년 온실가스 배출량을 2019년 대비 43% 감축하고, 2050년까지 온실가스 배출량 '넷제로'를 달성해야 한다.

왜 그들의 문제를 우리가 감당하는가

 당장 온실가스 배출량을 줄여야 하는 상황이지만, 세계 온실가스 배출량은 줄지 않고 오히려 계속 증가하고 있다. 2020년 코로나 팬데믹을 겪으며 잠시 감소했지만 2021년 들어 바로 예전 배출량 수준으로 돌아왔고, 이후에도 지속적으로 늘어나 2023년에는 약 538억 톤으로 역대 최대치를 기록했다.

 이산화탄소와 메탄, 아산화질소 등 온실가스는 대기 중에 장기간 체류하면서 지구의 평균 기온을 유지하는 데 중요한 역할을 한다. 하지만 온실가스가 과도하게 늘어나면 지구에서 우주로 나가는 열을 너무 많이 잡아두어 지구 온도를 높인다. 대기 중 온실가스 농도는 1850년 이후 급격히 증가했고, 매년 최고 농도를 기록 중이다. 온실가스가 많이 배출되었고, 대기 중에 장기간 머물기 때문이다. 이산화탄소는 대기 중에 머무르는 시간이 100~300년에 이르고 전체 온실효과의 약 65%를 차지한다. 배출량이 감소하더라도 상당 기간 농도가 상승할 수밖에 없는 이유다.

1850년부터 현재까지 누적된 온실가스가 대기 중에 머물면서 지구 온도를 높이고 있다. 지난 174년 동안(1850~2023년) 전 세계에서 배출한 온실가스 중 44.4%는 1990년 이후 고작 33년 동안 발생했다. 그리고 그 영향을 앞으로 최소 100년 동안 받게 된다. 기후위기가 인간이 배출한 온실가스 때문에 발생한다는 사실은 인간이 이 문제에 책임이 있다는 것을 의미한다.

그러면 전 지구적인 문제인 만큼 전 세계 모두가 평등하게 함께 책임져야 할까? 온실가스 배출량은 국가별 계층별로 큰 차이를 보인다. 배출량이 많은 만큼 더 많은 책임을 감당해야 한다. 또 기후위기는 언제 어디서 누가 온실가스를 배출했는지에 상관없이 그 피해가 전혀 다른 지역과 계층에 닥칠 수 있다. 온실가스 배출에 대한 책임을 명확히 물어야 하는 이유다.

기후위기에 대한 책임이 가장 큰 국가는 어디일까? 2023년 기준 온실가스를 가장 많이 배출한 국가는 중국이다. 중국은 1990년에는 미국에 이어 2위였으나 1990년부터 2023년까지 온실가스 배출량이 232% 증가하면서 최근에는 압도적인 1위를 차지하고 있다. 2023년 중국의 온실가스 배출량은 139억6,892만 톤으로 전 세계 배출량의 26.0%를 차지했다. 이어 미국이 58억9,486만 톤(11.0%)을 배출해 2위였고, 인도(7.8%)와 러시아(5.0%), 브라질(4.4%), 인도네시아(3.6%), 이란(2.0%), 일본(1.9%), 사우디아라비아(1.6%), 캐나다(1.5%)의 순이었다.

전 세계 온실가스 배출량 가운데 한국의 배출량 비율은 1.2%로 13위였다. 1990년 한국은 세계 24위였으나 1990년 대비 129% 증가하면서 13위로 뛰어올랐다. 반면 같은 기간 영국의 온실가스 배출량은 51% 감소했고, 독일(-46%)과 프랑스(-40.8%), 이탈리아(-28%)를 포함한 유럽연합 27개국 배출량도 36% 줄었다. 유럽연합의 기존 선진 산업국들의 온실가스 배출량이 줄어드는 동안 중국과 한국 등 뒤늦게 산업화를 이룬 국가들의 온실가스 배출량은 늘어났다.

2023년 전 세계 온실가스 배출량 중에서 상위 20개국의 배출량은 75.5%를 차지하고 있다. 상위 30개국을 포함하면 82.4%에 이른다. 기후위기에 대한 책임이 큰 국가들이다.

지구온난화는 매년 배출된 온실가스 배출량 누적의 결과다. 산업화 이후 최근(1850~2023년)까지의 온실가스 누적 배출량을 기준으로 기후위기의 책임을 가려야 한다고 지적되는 이유다. 누적 배출량 기준으로 보면, 미국이 누적 배출량 6,405억6,654만 톤으로 전 세계 누적 배출량의 18.2%를 차지해 1위다. 중국이 4,373억5,582만 톤(12.4%)으로 2위를 기록하고 있고, 러시아(7.2%), 인도(4.9%), 브라질(4.6%), 독일(3.3%), 인도네시아(3.2%), 영국(2.9%), 일본 (2.3%), 캐나다(2.2%)의 순이다. 한국이 차지하는 비율은 0.7%로 25위다.

상위 30개국의 온실가스 누적 배출량은 전 세계 누적 배출량의 80.2%에 달했다. 상위 30개국에는 미국과 독일, 영국, 일본, 캐나다, 프랑스, 호주 등 선진국들이 포함되어 있다. 한국을 포함한 선진국 클럽인 OECD 38개 회원국의 누적 배출량 비율은 42.6%다. 여기에 기존 선진국은 아니지만 중국과 러시아, 인도, 브라질, 인도네시아 등 면적과 인구, 경제 규모가 큰 국가들도 이름을 올리고 있다. 회원국 모두 온실가스 감축목표를 설정하기로 한 2015년 파리협정은 개발도상국에 온실가스를 감축하라고 압력을 넣었던 선진국과 여기에 역사적인 책임을 들며 저항한 개발도상국이 맺은 정치적 타협이었다.

반면 이들 외에 방글라데시, 앙골라, 예멘, 미얀마, 수단, 에티오피아, 세네갈, 탄자니아, 잠비아, 아프가니스탄을 비롯한 44개 최빈국[3]의 누적 배출량 비율은 5.6%에 불과했다. 앞에서 살펴본 해수면 상승 위협에 직면한 섬나라들의 누적 배출량 비율은 몰디브가 0.001%, 키리바시 0.0001%, 투발루는 0.00003%였다.

과거 식민지 수탈을 벌였던 서구 열강들에 기후위기로 인한 책임을 더 크게 물어야 한다는 분석도 있다. 분석 결과에 따르면[4], 영국과 프랑스, 네덜란드 등 선진국들의 온실가스 누적 배출량은 과거 지배했던 식민지까지 고려하면 2배 이상 증가하는 것으로 나타났다.

1850년 이후 현재까지 영국의 국내 누적 배출량은 전 세계 총배출량의 3%를 차지하면서 여덟 번째로 많았다. 하지만 영국의 식민 지배를 받았던 국가들의 배출량까지 합하면 배출량이 거의 2배 가까이 증가해 미국과 중국, 러시아에 이어 네 번째로 많은 수치로 늘어났다. 한때 대영제국의 일부였던 46개국의 배출량이 고려된 것으로, 이들 지역에서 배출된 온실가스는 식민지 수탈 과정에서 발생한 천연자원 채굴과 벌목 등으로 인한 결과인 것으로 나타났다. 영국의 식민지 가운데 가장 배출량이 많았던 지역은 인도, 미얀마, 나이지리아였다.

다른 유럽 국가들도 식민 지배 국가들의 배출량을 포함하면 누적 온실가스 배출량이 배로 증가했다. 인도네시아를 식민 지배한 네덜란드는 누적 온실가스 배출량이 3배 가까이 늘어나며 전 세계 배출량 순위가 35위에서 12위로 상승했다. 베트남 등 인도차이나를 식민지로 삼았던 프랑스의 경우 1.5배, 수많은 해외 식민지를 거느렸던 포르투갈은 3배 이상으로 누적 배출량이 늘었다.

이런 연구는 식민 지배 국가들이 식민 지배를 당한 국가들의 기후변화로 인한 손실과 피해를 포함한 역사적 배출량을 고려해 더 큰 책임을 물어야 한다는 것을 의도한다. 현재 세계인들이 겪고 있는 기후위기는 주로 부유한 국가들이 배출한 온실가스의 결과이지만, 그로 인한 피해는 온실가스 배출량이 매우 적은 가난한 국가들이 겪고 있기 때문이다.[5]

1인당 온실가스 배출량도 국가별로 큰 차이가 난다. 온실가스 누적 배출량 상위 30개국의 2023년 기준 1인당 배출량을 보면, 사우디아라비아가 22.1톤으로 가장 많고, 호주(19.2톤), 미국(18.5톤), 캐나다(17.5톤), 카자흐스탄(17.0톤), 러시아(14.3톤)의 순이다. 뒤이어 한국은 1인당 온실가스 배출량이 12.7톤으로 7위를 기록했다. 세계 평균 1인당 온실가스 배출량(6.7톤)보다 2배 가까이 많은 수치다. 누적 배출량 1위인 미국과 2위인 중국을 비롯한 14개국이 세계 평균보다 1인당 온실가스 배출량이 많았다. 반면 이탈리아(6.5톤), 튀르키예(6.4톤), 우크라이나(6.2톤), 멕시코(6.1톤) 등은 세계 평균 수준이었고, 인도(2.6톤)와 필리핀(2.3톤), 나이지리아(1.4톤), 미얀마(1.2톤), 콩고민주공화국(0.9톤) 등은 세계 평균을 훨씬 밑돌았다.

IPCC에 따르면[6], 전 세계 인구의 약 35%(북아메리카, 호주, 동유럽 및 중앙아시아 서부, 중동, 동아시아)는 1인당 9톤 이상을 배출하지만, 41%(아프리카, 남아시아)는 1인당 3톤 미만을 배출하고 있어 지역별 불균형이 심하다. 저배출 국가의 상당 부분은 현대 에너지 서비스[7]에 대한 접근이 부족한 상황이다. 특히 최빈국(1.7톤)과 군소도서개발국(4.6톤)[8]의 1인당 배출량은 전 지구 평균보다 훨씬 적다.

작은 섬나라, 건조한 산악지대 국가, 저지대 연안 국가 등이 기후변화의 영향에 더욱 취약할 수밖에 없다. 극단적인 기상이변, 해수면 상승, 농업 생산성 하락 등으로 위험에 처한 국가들은 대부분 아시아와 아프리카, 남아메리카에 있는 개발도상국과 최빈국들이다. IPCC에 따르면, 전 세계에서 약 33억~36억 명의 사람들이 기후변화에 매우 취약한 상황에서 살고 있다. 기상이변이 증가하면서 수백만 명이 심각한 식량 불안에 노출되었고 물 안보가 약화되었다. 아프리카, 아시아, 중남미, 최빈국, 군소도서국, 북극의 많은 지역과 원주민, 소규모 식량 생산자 및 저소득 가정의 경우 가장 큰 악영향을 받았다. 취약성이 큰 국가는 취약성이 매우 낮은 국가에 비해 2010년부터 2020년 사이 홍수, 가뭄, 폭풍으로 인한 사망률이 15배 더 높게 나타났다.

국제 평가기관인 저먼워치가 2025년 발표한 '기후위험지수'[9]에 따르면[10], 1993년부터 2022년까지 도미니카, 중국, 온두라스가 극심한 기상 현상의 영향을 가장 많이 받았다. 1993년부터 2022년까지 전 세계적으로 76만5천 명 이상이 사망했고, 9,400건 이상의 극심한 기상 현상으로 인해 직접적 손실이 거의 4조2천억 달러에 달했다. 홍수와 폭풍, 폭염, 가뭄이 가장 두드러진 영향을 끼쳤다. 1993년부터 2022년까지 폭풍(35%), 폭염(30%), 홍수(27%)가 가장 많은 사망자를 냈다. 1993년부터 2022년까지 장기적으로 가장 큰 영향을 받은 국가는 두 그룹으로 나눌 수 있다. 매우 이례적인 극한 현상의 영향을 가장 많이 받는 국가(도미니카, 온두라스, 미얀마, 바누아투)와 반복적인 극한 현상의 영향을 받는 국가(중국, 인도, 필리핀)다.

기후변화는 기상이변으로 위험을 증가시키고 극단적인 현상을 지속적인 위협으로 전환하고 있다. 기후위험지수는 또한 모든 국가가 영향을 받고 있음을 보여주고 있다. 2022년 가장 큰 영향을 받은 10개국 중 7개국이 고소득 국가 그룹에 속했다. 이는 고소득 국가의 대처 능력이 저소득 국가보다 크게 앞서지만, 고소득 국가 역시 기후 위험 관리를 강화해야 함을 시사한다.

2022년 이집트에서 열린 제27차 유엔기후변화협약 당사국총회에 참가한 200여 개 국가들은 기후변화로 인한 개발도상국의 '손실과 피해'를 정식으로 논의하고 관련 기금을 조성하기로 합의했다. 여기에서 '손실'은 인명, 생계, 문화 등의 상실, '피해'는 사회 기반 시설, 생태계 등의 상실을 의미한다.

개발도상국들은 오랫동안 선진국에 기후변화로 자신들이 입은 손실과 피해를 '보상'하라고 요구해왔다. 기후변화의 책임은 경제를 발전시키며 온실가스를 내뿜은 선진국들에 있는 만큼 시혜를 베풀듯 기후변화로 위기에 빠진 개발도상국을 지원하는 것을 넘어 책임을 지고 보상해야 한다는 것이었다. 하지만 비용을 부담해야 할 선진국의 이해관계가 개발도상국과 충돌하며 구체적인 재정 지원에 합의하지 못했다.

1992년 유엔환경개발회의에서 기후변화협약이 채택되기 이전에도 도서국가들을 중심으로 해수면 상승으로 생기는 피해를 배상할 방안을 만들어야 한다는 제안이 있었다. 당시 기후변화협약의 원칙이 '공동의 그러나 차별화된 책임'이었음에도 도서국들의 제안은 받아들여지지 않았다.

'손실과 피해'는 2007년 제13차 유엔기후변화협약 당사국총회에서야 처음 기후변화협약 문서에 등장했고, 이후 수차례 기금 조성을 위한 방안들이 제시되었지만 선진국들의 반대로 무산되었다. 2019년에는 개발도상국의 온실가스 감축과 기후변화 적응을 지원하는 녹색기후기금에 손실과 피해를 배상할 수 있는 기능을 더하는 긴급 창구를 만들자는 제안이 있었지만, 선진국들은 새로운 자금 조달 체계를 만드는 것에 동의하지 않았다.[11]

이런 상황에서 유엔기후변화협약 당사국총회에서 30여 년 만에 손실과 피해가 정식 의제로 논의되고 참가국들이 관련 기금을 조성하기로 합의한 것은 제27차 유엔기후변화협약 당사국총회의 최대 성과였다. 하지만 기금을 조성하기로 한 것이 손실과 피해에 대한 책임과 보상을 의미하지는 않는다. 실제로 이 회의에서 도출된 손실과 피해 관련 결정문에는 '손실과 피해 복구에 초점을 맞춘 손실과 피해 대응 기금을 조성한다'고 되어 있다.[12] 책임이나 보상 같은 단어는 등장하지 않는다. 또한 손실과 피해 기금 조성에는 합의했지만, 기금의 규모와 선진국별 분담 비율, 지원 대상과 범위 등에 관한 구체적인 합의는 없었다.

2023년 아랍에미리트에서 개최된 제28차 유엔기후변화협약 당사국총회에서 손실과 피해 기금과 기금의 세부 운영 관련한 결정문이 채택되었다.[13] 합의문에 따르면, 선진국이 당사국에 지원을 지속할 것을 '촉구'하고, 기타 당사국에는 자발적인 지원을 '독려'하기로 했다. 또한 선진국이 주도해 기금의 초기 운영에 필요한 재원을 제공해주기를 '요청'했다. 또한 세계은행이 4년간 임시로 기금을 운영하고 사무국을 유치하기로 했다.

이로써 기후변화로 인한 극심한 기상이변 등이 개발도상국에 유발한 '손실과 피해' 대응을 지원하기 위한 기금이 공식 출범했다. 프랑스와 이탈리아가 각각 1억8천만 달러, 당사국총회 주최국인

아랍에미리트와 독일이 1억 달러씩을 약정했다. 이어 영국과 덴마크 각각 5천만 달러, 아일랜드와 유럽연합이 각각 2,700만 달러, 노르웨이 2,500만 달러, 슬로베니아 1,500만 달러에 이어 캐나다 1,200만 달러, 일본 1천만 달러를 약정했다. 역사상 가장 많은 온실가스를 배출한 미국은 1,750만 달러를 내기로 했다.[14]

하지만 이렇게 약정된 손실과 피해 기금 규모는 약 8억 달러로, 1천억 달러에서 5,800억 달러에 달하는 개발도상국들의 손실액 추정치의 0.8~0.1%에 불과하다. 손실과 피해 기금의 '차별화된 책임' 원칙이 강조되지 않은 점도 다시 논란거리였다. 합의안에서 선진국들은 기후변화에 대한 자신들의 역사적 책임을 의미하는 '보상', '배상' 등의 표현 대신 '지원', '촉구'라는 용어를 주장해 관철했기 때문이다.

2024년 아제르바이잔에서 열린 제29차 유엔기후변화협약 당사국총회에서는 2035년까지 연간 1조3천억 달러 규모로 기후 재원을 확대하기로 합의했다. 유엔기후변화협약 의장국들의 요청으로 기후 재원을 연구해온 전문가 집단인 '기후 재원에 대한 독립적인 고위 전문가 그룹(IHLEG)'은 기후행동을 위해 전 지구적으로 요구되는 투자 규모를 2030년까지 연간 6조3천억~6조7천억 달러로 추정했다. 이 중 2조7천억~2조8천억 달러는 선진 경제권에, 1조3천억~1조4천억 달러는 중국에, 2조3천억~2조5천억 달러는 중국을 제외한 신흥 경제권에 필요하다고 분석했다.[15] 또한 2030년까지 쓰일 기후 재원을 연간 1조 달러 마련하고 2035년까지 1

조3천억 달러로 확대해야 한다고 제언했다.

'연간 1조3천억 달러'라는 양적 목표와 '2035년까지'라는 시한은 제29차 유엔기후변화협약 당사국총회 최종 합의 내용과 같다. 결정적으로 달랐던 것은 선진국이 기여해야 할 몫이었다. 전체 기후 재원 중 선진국 기여분은 2035년까지 최소 3천억 달러로 최종 합의되었다. 보고서에서 제안한 2035년까지 3,900억 달러에 비해 선진국의 책임이 되어야 할 몫이 연간 900억 달러 줄었다. 또한 애초 개발도상국들의 요구였던 2030년까지 5천억 달러에는 크게 미치지 못한다.

최종 합의는 여러 다른 방식으로도 선진국의 부담을 줄였다. 기후 재원 마련을 위해 "모든 행위자가 협력"한다고 명시한 것이 대표적이다. 파리협정 9조는 "선진국 당사자는 개발도상국 당사자에게 (기후 대응을 위한) 재정적 지원을 제공해야 한다"고 명시하고 있는데, 기후 재원을 조달할 책임을 '선진국'에서 '모든 행위자'로 돌린 셈이다. 선진국이 오롯이 책임져야 할 기여분인 '3천억 달러'에 대해서도 "제공한다" 대신 "주도한다"고 명시해 선진국의 부담을 줄였고, 재원 조달의 방식으로 공공·민간, 양자·다자 등을 가리지 않고 대안적 자원들을 활용할 수 있다고 명시한 것도 문제로 지적된다. 기후 재원 가운데 선진국 정부들이 책임져야 할 몫 자체를 불분명하게 만드는 것으로 최악의 경우 민간에서 높은 이자율로 대출해준 것까지 개발도상국에 조달해준 '기후 재원'으로 주장할 수 있다는 우려가 제기된다.[16]

기후위기의 책임을 가늠하는 역사적 배출량의 30% 이상을 차지하는 중국과 한국 같은 신흥 경제국들의 기후 재원 부담 여부도 쟁점이다. 제29차 유엔기후변화협약 당사국총회에서도 선진국들은 중국이 기후 재원 마련에 참여해야 한다고 주장했다. 중국의 역사적 배출량이 미국에 이어 2위이고, 유럽연합 27개국을 넘어선 만큼 그에 걸맞은 책임을 감당해야 한다는 것이다. 하지만 유엔기후변화협약은 산업화 시대를 만든 선진국들의 역사적 책임을 묻기 때문에 일부 선진국들에만 재원 부담의 책임을 요구하고 있다. 중국 등에는 의무 부과 대신 자발적 참여를 요청하고 있다. 하지만 이제는 중국이 예전처럼 '책임 없는' 지위를 강하게 주장하기 어려워진 상황이다.

한국도 마찬가지다. 한국도 개발도상국 그룹에 속해 있어 기후 재원에 대한 책임은 부과받지 않고 있다. 하지만 한국보다 온실가스 누적 배출량이 적은 유럽 선진국들이 기후 재원에 의무적으로 참여하고 있고, 경제적으로 이미 선진국 대열에 진입했다는 점에서 한국도 기후위기에 대한 책임을 다해야 하는 국가임에는 분명하다. 국제사회가 기후변화 대응을 위해 필요한 '기후 재원'에 돈을 댈 국가들을 새롭게 꼽는다면, 한국은 '공여국'이 되어야 할 정당성이 네 번째로 큰 것으로 분석되었다.[17]

해결하기에는 너무나 부족한

 전 세계적으로 탄소중립을 달성하기 위한 시나리오들이 제시되었다. 세계 에너지 부문 탄소중립 시나리오를 발표한 기관으로는 국제기구인 국제에너지기구와 국제재생에너지기구가 있으며, 에너지 분야 컨설팅 기관인 노르웨이선급협회, 다국적 에너지 기업인 BP(브리티시 페트롤리엄)와 쉘 등이 있다. 기관마다 경제성장률과 에너지기술 발전에 대한 가정이 달라 에너지 수급 전망에 차이는 있지만 공통적인 전략은 다음과 같다.[18]

 첫째, 에너지 효율 개선과 행동 변화 등을 통해 에너지 수요를 최대한 절감할 필요가 있다. 둘째, 태양광과 풍력 등을 통해 전기를 탈탄소화해야 한다. 셋째, 전기차와 히트펌프 보급 확대 등을 통해 에너지 소비량에서 탈탄소화된 전기의 비중을 최대한 확대할 필요가 있다. 넷째, 항공, 선박, 중공업 등 전기화가 어려운 부문에서는 바이오연료나 재생에너지로 생산한 수소와 암모니아 등을 사용할 수 있다. 다섯째, 산업 부문에서 배출되는 공정상 배출량을 지구온난화 영향이 낮은 가스로 대체하거나 포집한다. 여섯째, 그럼에도 배출되는 온실가스는 이산화탄소 포집·저장 설비를 갖춘 바이오 에너지, 공기 중에서 이산화탄소를 직접 포집하는 기술 등을 통해 흡수 및 저장하는 것이다.

시나리오들에서 재생에너지 관련 목표를 비교한 결과, 탄소중립을 달성하려면 목표 연도에는 총에너지에서 재생에너지가 차지하는 비율이 59~74%까지 늘어나야 한다. 전체 전력 발전량에서 재생에너지가 차지하는 비율은 2019년 26%에서 탄소중립 목표 연도에는 83~90%까지 증가해야 한다.

현재까지(2025년 5월 기준) 142개 국가가 탄소중립을 선언했다. 이들 국가의 국내총생산(GDP)은 전 세계의 78%, 온실가스 배출량은 76%를 차지하고 있다.[19] 미국과 유럽연합, 일본, 캐나다, 한국, 호주, 남아공, 영국은 2050년까지, 터키는 2053년까지, 중국과 러시아, 브라질, 인도네시아, 사우디아라비아는 2060년까지, 인도는 2070년까지 탄소중립을 달성하겠다고 선언했다. 유럽연합은 27개 회원국 전체에 대해 2050년까지 탄소중립을 달성하는 것을 목표로 하고 있으며, 회원국들 대부분이 자국 탄소중립 목표 연도를 2050년으로 설정했다. 핀란드는 2035년, 오스트리아 2040년, 독일·포르투갈·스웨덴이 2045년으로 목표 연도를 앞당겼지만, 네덜란드, 폴란드, 체코, 루마니아는 목표 연도를 설정하지 않았다.[20]

탄소중립 선언과 함께 탄소중립의 중간 목표로서 2030년 온실가스 감축목표의 중요성이 제기되었다. 기후 보호 목표 1.5도를 달성하기 위해서는 2030년 온실가스 감축목표 상향이 필요하기 때문이었다. 2020년 말에 제시된 국제사회의 탄소중립 선언들은 지구 평균 기온 상승을 −0.5도 억제하는 데 기여했지만, 2100년까지를 고려한 배출 추세에 따르면 3도 상승할 것으로 예측되면서 온실가스 감축목표 상향이 필요했다.[21] 2021년 9월 30일까지 제출되거나 선언된 온실가스 감축목표를 분석한 결과도 세기말 최소한 2.7도 지구 평균 기온 상승이 예측되었다.[22] 이에 따라 미국과 유럽연합, 일본, 독일, 영국 등 주요 국가들은 2050 탄소중립 선언과 함께 2030 온실가스 감축목표를 상향했다.

 한국도 탄소중립기본법을 제정해 세계에서 14번째로 탄소중립 이행을 법제화했고, 2030 온실가스 감축목표를 2018년 대비 35% 이상 범위로 설정했다. 2021년 들어 '탄소중립위원회'가 출범했고, 탄소중립 시나리오 발표와 함께 온실가스 감축목표 상향에 대한 사회적 논의가 이어졌으며, 국무회의에서 온실가스 감축목표를 40%로 심의·확정했다. 기존 26% 감축(2018년 대비)에서 40%로 상향된 것으로, 탄소중립기본법의 35% 최소 기준을 충족하는 안이었다.

 한국을 포함한 주요 국가들이 2030년 온실가스 감축목표를 상향했지만, 여전히 1.5도 목표에 부합하려면 전 세계적으로 20~23기가 톤에 이르는 추가 감축이 필요한 것으로 분석되었다.[23] 한국 정부는 2030년 온실가스 감축목표를 536.1백만톤에서 436.6백만톤으로 상향하면서 배출 정점인 2018년을 기점으로 2050년 탄소중립까지 선형감축을 전제로 감축목표를 설정했다. 하지만 이는 IPCC가 제시한 글로벌 감축 경로보다 누적 배출량이 훨씬 많이 발생한다는 점에서 지구 온도를 3도까지 상승시킬 수 있는 수준으로 '불충분'한 목표라는 평가를 받았다. 그런데 정부는 2023년 1월 수립한 '제10차 전력수급기본계획'에서 2030년 신재생에너지 발전량 비중을 기존 온실가스 감축목표 상의 30.2%인 185.6테라와트시(TWh)에서 21.6%인 134.1테라와트시로 낮추었다.

또한 정부는 2023년 3월 21일 '제1차 국가 탄소중립 녹색성장 기본계획(정부안)'을 발표하고 2030년 국가 온실가스 부문별·연도별 감축목표와 이행 방안을 공개했다. 정부가 발표한 연도별 온실가스 배출량 목표를 보면, 2023~2027년 기간 연평균 감축률은 2%인 반면 2027년~2030년 동안의 연평균 감축률은 9.3%에 달한다. 2030년까지 온실가스 감축량을 감축 기간 후반에 집중시킴에 따라 2030년까지 온실가스 누적 배출량도 이전 온실가스 감축목표보다 5.15억 톤 추가 발생할 것으로 예상되었다. 이에 따라 한국의 기후 목표와 정책은 전체적으로 '매우 부족'하다는 평가를 받았다. 모든 국가가 한국처럼 행동하면 지구 온도가 최대 4도 상승할 수 있다는 것이다.

기후악당이라는 오명

한국은 에너지 수입 의존도가 94%에 달하면서 에너지는 세계에서 10번째로 많이 쓰고 전기는 6번째로 많이 소비하는 국가다.[24] 또한 주요국 대비 석탄 발전량 비중이 크고 재생에너지 발전량 비중은 적다. 2021년 기준 한국의 전체 전력 발전량 대비 석탄 발전량 비중은 34.9%로 미국(22.5%)과 일본(30.5%), 독일(30.1%)보다 높고, 영국(2.4%)과 프랑스(1.4%)와는 차이가 크다.[25]

반면 2022년 기준 재생에너지 발전량 비중은 7.4%로 OECD 국가 중에서 최하위다. 독일(43.0%), 영국(41.9%), 프랑스(24.5%) 등 유럽 국가들뿐 아니라 미국(21.6%), 일본(22.6%)에 비해서도 크게 뒤처져 있다.[26] 더구나 한국은 높은 제조업 비중, 온실가스 다배출 산업구조, 높은 무역의존도로 인해 탄소무역장벽에 따른 영향이 상당히 클 수밖에 없다. 2021년 기준 전체 산업 중 제조업 비중은 한국이 27.1%로 일본(19.7%)과 미국(11.2%), 영국(8.7%)

보다 크다.[27]

한국 정부는 2050년 탄소중립을 선언한 이후 2030년 국가 온실가스 감축목표를 상향하고 2050년 탄소중립 시나리오를 마련했으며 탄소중립·녹색성장기본법(이하 탄소중립기본법)을 제정하는 등 탄소중립 달성을 위한 이행 기반을 마련했다. 하지만 다년간의 정책 추진에도 불구하고 온실가스 배출량은 상승했고 국제사회의 압박은 지속되고 있다. 한국의 온실가스 배출량은 2018년까지 지속 증가했고, 코로나19 등의 영향으로 2019년부터 감소 추세로 전환했으나 이후 등락을 거듭하고 있다.

2022년 온실가스 총배출량(LULUCF[28] 제외)은 7억2,429만 톤으로, 1990년도 총배출량 3억1,057만 톤 대비 2배 이상(133.2%) 증가했다. 2021년도 총배출량 대비 2.3% 감소한 수치이며, 2018년 배출 정점 대비로는 7.6% 감소한 수준이다. 2022년 온실가스 순배출량(LULUCF 포함)은 6억8,646만 톤으로, 1990년도 순배출량 2억7,162만 톤 대비 2.5배 이상(152.7%) 증가했고, 2021년 순배출량 대비 2.2% 감소, 2018년도 순배출량 대비로는 7.5% 감소했다.

우리나라 배출량은 1990년대 경제성장에 따라 증가 추세를 보였으나, 2000년대 이후 증가율이 점차 둔화하는 경향이 나타났고 2018년 배출 정점에 도달 이후에는 감소세로 전환되었다. 부분적으로는 1998년 외환위기, 2008년 경기침체, 2020년 코로나 팬데믹으로 인해 단기적으로 배출량이 급감했다. 1998년에는 외환위기의 영향으로 온실가스 배출량이 전년 대비 12.5% 감소했고, 이후에는 증가하는 추세를 보이다가(1999~2008년 연평균 증가율 2.6%) 2009년에는 경기침체의 영향으로 전년과 대비해 증가율이 0.6%에 그쳤다. 2020년에는 코로나19의 영향으로 배출량이 전년 대비 6.1% 감소했다. 분야별로는 에너지 분야가 2022년 기준 총배출량의 76.2%로 가장 높은 비중을 차지하며, 이어서 산업공정 및 제품 사용이 18.1%, 농업이 3.2%, 폐기물이 2.5% 순으로 나타난다.

특히 제조업 중심의 산업구조로 인해 1990년 이후 에너지 분야의 총배출량은 74~80%의 비중을 꾸준히 유지하고 있다. 온실가스별로는 이산화탄소가 87.8%로 가장 큰 비중을 차지하고, 불소계 온실가스가 5.9%(하이드로플루오로카본 4.5%, 퍼플루오로카본 0.56%, 육불화황 0.55%, 삼불화질소 0.2%), 메탄 4.9%, 아산화질소 1.5% 순이다. 이산화탄소를 포함한 대부분의 온실가스는 증가 추세를 보이는 반면, 메탄은 석탄 생산량과 벼 재배 면적이 줄어들면서 1990년 이후 감소하는 추세다. 이 중 불소계 온실가스는 냉매(하이드로플루오로카본)와 반도체·디스플레이 제조 공정(퍼플루오로카본, 육불화황, 삼불화질소) 사용량 증가로 1990년 대비 큰 폭의 증가세를 보이고 있다.

독일의 비영리연구소인 저먼워치, 뉴클라이밋 연구소, 세계 기후단체 연대체인 기후행동네트워크는 전 세계 온실가스 배출의 90% 이상을 차지하는 64개국(유럽연합 포함)을 대상으로 기후정책과 이행 수준을 평가한 기후변화대응지수를 매년 발표하고 있다.[29] 기후변화대응지수는 해마다 각 국가의 최신 정책과 이슈를 반영해 발표된다. 온실가스 배출, 재생에너지, 에너지소비, 기후정책 등 네 가지 분야의 점수를 책정해 평가한 뒤, 모든 점수를 합산해 국가별로 종합 점수를 매긴다. 비중은 온실가스 배출이 40%, 나머지 부분은 각각 20%씩이다. 매우 높음, 높음, 중간, 낮음, 매우 낮음 등 5단계로 평가한다.

2024년 11월 발표된 종합 평가에서는 세계 온도 상승을 산업화 이전 대비 2도 아래로 제한한다는 파리협약을 달성하기 위한 경로를 따르고 있는 나라가 이 가운데 단 한 곳도 없었기 때문에 상징적으로 '매우 높음'에 해당하는 1~3위를 비웠다. 2023년 역시 1~3위는 빈 상태였다. 덴마크(78.37점)가 4위로 가장 높은 점수를 받았고, 네덜란드(69.60점), 영국(69.29점), 필리핀(68.41점), 모로코(68.32점), 노르웨이(68.21점), 인도(67.99점), 스웨덴(67.62점), 칠레(67.29점), 룩셈부르크(67.29점)에 이어 에스토니아(66.79점), 포르투갈(66.59점)의 순이었다. 이 국가들까지 '높음' 평가를 받았다.

누적 배출량 상위 10개국의 평가 결과를 보면, 1위 국가인 미국은 57위(40.58점), 배출량 2위인 중국이 55위(44.15점)를 기록해 '매우 낮음'으로 평가되었다. 누적 배출량 3위인 러시아(23.64점)와 9위인 일본(39.23점), 10위인 캐나다(28.37점)도 기후변화대응지수는 최하위 수준으로 평가되었다. 누적 배출량 7위인 인도네시아(50.84점)는 '낮음', 4위인 브라질(57.25점)과 6위인 독일(64.91점)은 '중간' 평가를 받았다. 누적 배출량 상위 10개국 중 '매우 높음'으로 평가된 국가는 인도와 영국뿐이었다.

한국은 '매우 낮음'(26.42점)으로 평가받아 최하위권인 63위를 기록했다. 한국보다 뒤처진 아랍에미리트, 사우디아라비아, 이란이 모두 산유국이라는 점을 고려하면, 한국은 온실가스의 주 배출원인 석유와 가스를 직접 생산하지 않는 나라 가운데 가장 안 좋은 정책과 실적을 나타내고 있다. 사실상 꼴찌라는 평가다. 세부적으로는 온실가스 배출(13.26점)과 재생에너지(3.67점), 에너지 소비(4.75점), 기후정책(4.75점) 등 모든 부문에서 '매우 낮음' 평가를 받았다. 이런 평가의 이유로는 온실가스 감축 경로에 부합하지 않는 국가 온실가스 감축 계획, 탈화석연료는커녕 오히려 신규 석유·가스 사업을 늘리려는 투자 의지 등을 꼽았다.

한국은 파리협약 경로에 맞는 감축목표를 제시해야 하고 석탄과 가스 발전은 현재 목표(2050년)보다 앞당긴 2035년에 폐쇄해야 한다는 지적이다. 우선 동해안 석유가스전을 개발하겠다는 '대왕고래' 개발계획과 같은 신규 석유가스전 개발계획부터 중단해야 한다고 지적했다.[30]

재생에너지 목표 하향 조정과 화석연료 프로젝트 투자 지속, 바이오매스 에너지 사용 증가 등도 지적되었다. 한국 정부는 2023년 제10차 전력수급기본계획에서 2030년 신재생에너지 목표 발전량(비중)을 기존 185.2테라와트시(30.2%)에서 134.1테라와트시(21.6%)로 줄였고, 신에너지(연료전지·IGCC)를 제외한 '순수' 재생에너지 발전량 목표 비중은 18.6%에 그친다. 노후 석탄발전소를 또 다른 온실가스 배출원인 가스발전으로 대체하고 가스발전이 전체 전력에서 상당 기간 상당 부문을 차지하는 것에도 낮은 평가를 받아 왔다. 제10차 전력계획에 따르면, 석탄발전 용량은 2023년 40.2기가와트(GW)에서 2036년에 27.1기가와트로 다소 줄지만, 가스발전 용량은 같은 기간 43.5기가와트에서 64.6기가와트로 증가한다.

한국 정부가 해외 석유와 가스 사업에 대한 공적 금융 지원을 중단하지 않고 있다는 점과 산림파괴와 생물다양성 손실 우려가 있는 바이오매스 사용이 증가하고 있다는 점도 '매우 낮음' 평가를 받은 주요 이유였다. 앞서 한국은 같은 기관 평가에서 2018년 57위, 2019년 58위, 2020년 53위, 2021년과 2022년 60위, 2023년에는 64위로, 줄곧 최하위권이었다.

2024년 11월 아제르바이잔에서 열린 제29차 유엔기후변화협약 당사국총회 회의장에서 한국은 인류의 기후변화 대응에 부정적인 영향을 끼친 나라에 수여되는 '오늘의 화석상' 1위에 선정되었다.[31] 오늘의 화석상은 세계 150개국 2천 개 넘는 기후환경운동단체의 연대체인 기후행동네트워크가 당사국총회 기간 중 기후 협상을 방해한 국가를 선정해 수여하는 상이다. 1999년부터 시작되었으며 한국은 2023년 3위를 차지하면서 처음 수상국 명단에 올랐고, 2024년 1위를 차지하면서 명실상부한 '기후악당' 국가로

자리매김했다.

한국은 2020~2022년 기준 캐나다에 이어 세계에서 두 번째로 많은 공적 금융을 신규 화석연료 사업에 지원 중이다. 2020년 탄소중립을 선언한 이후에도 해외 화석연료 투자액을 오히려 늘렸다. 여기에 화석연료 에너지에 대한 공적 금융 지원을 금지하기 위한 개정안 논의에서도 반대 목소리를 냈다. 한국 정부에 대한 국제 시민사회의 비판이 제기될 수밖에 없는 이유다.

기후 불평등 격차가 커지고 있다

그동안 국제사회에서는 온실가스 감축 책임을 둘러싼 선진국과 개발도상국 간의 불평등이 글로벌 기후 불평등의 최대 이슈였다. 그런데 최근 들어서는 국가 간의 온실가스 배출 책임 불평등뿐만 아니라 개인소득 계층별로 온실가스 배출 책임 불평등이 매우 크다는 사실이 밝혀지고 있다. 이에 따라 국가 간 불평등을 넘어 국가 내에서의 기후 불평등이 글로벌 기후 불평등의 주요 원인으로 중요하게 인식되고 있다.

국가 간 배출량 차이는 여전히 크지만, 국가 내에서 경제적 부를 많이 가진 계층과 적게 가진 계층 간의 온실가스 배출량 격차가 커지고 있기 때문이다. 1990년대부터 국가 간 온실가스 배출량 불평등은 줄어들었지만 국가 안에서는 늘어나고 있다. 국가 간 격차 감소는 중국, 인도, 러시아, 브라질, 남아공 등의 신흥 선진국들의 배출량은 증가하는 반면, 유럽과 북미 등 기존 선진국들의 배출량 증가 속도가 감소했기 때문이다. 1990년에는 글로벌 탄소 불평등의 요인 중 62%가 국가 간 불평등에 따른 영향이었다. 그런데 2005~2010년을 지나면서 국가 내 기후 불평등 격차가 국가 간 격차보다 글로벌 탄소 불평등에 더욱 큰 영향을 미치기 시작했고, 2019년에는 글로벌 탄소 불평등의 64%가 국가 내 불평등에 기인한 것으로 분석되었다.[32]

이제는 국가 내 소득불평등 심화에 따른 온실가스 배출 불평등 격차가 커지는 것도 기후 불평등 악화의 주요 원인이 되고 있다. 국적을 불문하고 글로벌 소득 상위 그룹의 소비와 투자 패턴이 글로벌 온실가스 배출 불평등에 직·간접적으로 큰 영향을 미치고 있다는 의미다.

세계불평등연구소에 따르면[33], 전 세계 자산의 76%를 소유하고 있는 소득 상위 10%는 전 세계 온실가스 배출량의 거의 절반에 이르는 48%를 배출하지만 기후위기로 인한 소득감소분은 3%에 불과하다. 반면 2%에 불과한 자산을 보유한 소득 하위 50%는 온실가스 배출량 비중이 12%이지만 이로 인한 소득 감소는 전체 감소량의 75%를 차지한다. IPCC도 제6차 보고서에서 전 세계적으로 1인당 배출량이 가장 많은 상위 10%가 전 지구 소비 기반 온실가스의 34~45%를 배출하는 데 반해 소득 하위 50%는 전체 배출량의 13~14%를 차지한다고 밝혔다.[34] 부유층이 일상을 통해 발생시키는 온실가스 배출로 인해 저소득층과 빈곤층이 훨씬 더 큰 피해를 겪는다는 것이다. 소득 불평등이 탄소 불평등으로 이어지고, 기후변화에 따른 재난은 기후위기에 취약한 저소득층들을 위협한다.

옥스팜에 따르면[35], 2019년 기준, 소득 상위 1%는 전 세계 탄소 배출의 16%에 책임이 있으며, 이 수치는 최빈곤층 66%인 50억 명이 배출하는 탄소량과 동일한 수준이다. 소득 상위 1%는 1990년대 이후 최빈곤층 인구 절반을 위한 온실가스 배출 허용량의 2배에 달하는 양을 소비했고, 현재 추세대로 계속 온실가스를 배출하면 2030년 상위 1%의 배출량은 지구 온도 상승을 1.5도 이내로 억제하기 위한 배출량의 22배 이상에 달할 전망이다. 소득 상위 10%가 배출하는 온실가스 배출량은 전 세계 배출량의 50%를 차지하고, 전 세계 상위 10% 배출량 중 60%는 고소득 국가에서 발생한다.

과도한 소비를 조장하도록 끊임없이 노출되는 광고와 경제 시스템이 탄소 배출의 원인이 된다. 이는 소수 부유층의 과도한 소비가 기후위기의 주요 원인임을 여실히 보여주는 것이다. 그리고 그 영향과 피해로 가장 큰 타격을 입는 사람은 기후변화에 대한 책임이 훨씬 작으면서 경제·사회적으로 취약한 집단이다.

국제에너지기구도 전 세계적으로 소득 상위 10%가 2021년 전 세계 에너지 관련 이산화탄소의 거의 절반(48%)을 배출했고, 소득 하위 10%가 차지하는 비율은 0.2%에 불과하다고 밝혔다.[36] 상위 10%는 2021년 1인당 평균 이산화탄소 22톤을 배출했는데, 이는 하위 10%의 평균보다 200배 이상 많은 수치다. 미국에서 가장 부유한 10%는 매년 1인당 55톤 이상 이산화탄소를 배출하며, 유럽연합에서 가장 부유한 10%는 1인당 약 24톤의 이산화탄소를 배출한다. 모든 유럽연합 소득 그룹은 미국의 해당 소득 그룹보다 1인당 이산화탄소 배출량이 적은데, 이는 유럽연합의 재생에너지 발전 비중이 미국보다 큰 영향도 있다.

하지만 미국과 유럽연합 내에서도 내부 불평등이 비슷하게 커서, 두 나라 모두 상위 10%는 중간 개인보다 3~5배, 가장 가난한 10%보다 약 16배 더 많은 이산화탄소를 배출한다. 그럼에도 미국과 캐나다, 일본, 한국을 포함한 선진국에서 가장 가난한 10%는 여전히 전 세계 중간 소득계층보다 더 많은 이산화탄소를 배출한다. 중국과 인도는 물론 라틴 아메리카, 아프리카, 아시아의 다른 개발도상국의 탄소 불평등은 선진국보다 심각하며, 최상위 10%의 배출량은 중간계층보다 5~8배 더 많은 것으로 나타났다.

기후변화 영향과 피해는 저개발국가와 취약계층에 집중되어 나타나며 이들은 기후변화 대응 능력도 취약하다. 부유한 계층은 자연재해로 인한 피해를 줄이기 위해 보험에 가입하거나, 기후변화로부터 안전한 지역으로 이주할 수 있는 경제적 여유가 있으며, 기후 친화적인 기술에 더 쉽게 접근하고, 재생에너지로 전환하거나 에너지 효율성을 높이는 방식으로 기후변화에 대응할 수 있다. 하지만 사회적으로 취약한 집단은 기후 위험으로부터 자신을 보호할 수단이 없고, 기후 재해가 발생했을 때 회복할 수단이 제한적이어서 기후변화로 인해 기존의 불평등이 더 심해질 가능성이 크다.

 한국은 국가 단위에서나 개인별로도 온실가스 배출량이 많은 국가다. 한국의 소비기준 1인당 온실가스 배출량은 평균 14.7톤으로, 이는 미국(21.1톤)과 호주(19.6톤), 캐나다(19.4톤)보다는 적지만, 중국(8.0톤)뿐 아니라 프랑스(8.7톤)와 영국(9.9톤), 독일(11.3톤) 등 유럽 선진국과 일본(11.9톤)보다도 많고 세계 평균(6.6톤)의 2배 이상이다. 소득별 온실가스 배출량 격차(소득 하위 50% 대비 소득 상위 10% 배출량)도 8.3배로 중국을 제외하고 가장 크다. 한국의 2019년 기준 평균 1인당 배출량은 1990년 수준보다 66% 증가했다. 그런데 소득 하위 50%의 배출량은 43% 증가한 반면, 상위 10%의 배출량은 200% 가까이 증가했다. 소득계층별 탄소 배출 격차가 빠르게 벌어졌고, 그만큼 기후 불평등이 더욱 심각해진 것으로 해석할 수 있다.

 최근 발표된 쪽방촌 주민들의 온실가스 배출량 추정치는 기후위기가 한국 사회에서 궁극적으로 불평등한 문제임을 여실히 보여준다.[37] 서울 동자동 쪽방촌 주민들을 대상으로 설문조사 등을 거쳐 분석한 결과 이들의 연간 1인당 온실가스 배출량은 3.98톤으로 나타났다. 이들의 에너지와 전기 소비는 서울 거주자 평균 소비량의 절반에서 3분의 1 수준이었는데, 압도적으로 방이 작고, 열악한 주거환경 속에서 살기 때문이다. 쪽방촌 주민 누구도 차량을 소유하고 있지 않기에 이로 인한 탄소 배출량도 거의 없었다.

 쪽방촌 주민의 연간 탄소 배출량 3.98톤은 한국인 평균 배출량인 14.7톤의 3분의 1 수준에 그친다. 소득 상위 1%의 배출량(180톤)과 10%의 배출량(54.5톤)과 비교하면 각각 2.2%와 7.3%에 불과하다. 소득 하위 50%의 배출량(6.6톤)보다도 적다.

기후변화는 사회적 취약계층에 더욱 큰 고통을 초래한다. 특히 빈곤층, 여성, 아동, 장애인, 노인, 원주민, 소수민족, 이주민, 난민 등이 더 큰 타격을 받는다. 한 국가 내에서도 종사하는 산업이나 거주하는 지역, 사회경제적 능력과 생물학적 특성에 따라 기후변화의 영향은 다르게 나타난다. 1차산업 종사자들일수록 기후변화에 취약하고, 거주 지역에 따라서도 기후변화에 대한 취약성이 다르다. 도서 지역이나 저지대, 해안가에 사는 주민들의 취약성이 클 수밖에 없다. 폭우나 폭염, 한파와 폭설 등으로 인한 피해가 사회경제적 약자에게 집중적으로 발생하며 이들은 그런 상황에 대처하거나 그 지역을 벗어날 능력이 거의 없다.

국내의 기후 불평등 문제는 주로 기후변화에 취약한 계층과 지역의 피해를 예방하고 적응 역량을 강화하는 적응 정책 측면에서 다루어졌다. 하지만 기후 불평등은 기후변화에 의한 물리적 영향뿐만 아니라 사회적·경제적 맥락에서 발생하는 구조적인 불평등을 포함한다. 특히 화석연료 기반 경제에서 탄소중립 경제로의 전환은 탄소중립 목표 달성을 위한 정책적 개입에 의한 결과이며, 이 과정에서 탄소 집약적 산업과 관련된 노동자와 지역사회는 산업구조의 급격한 전환으로 인해 큰 경제적 타격을 입을 가능성이 크다. 이에 따라 이런 지역과 노동자를 보호하고, 경제적 불평등을 완화하기 위해 탄소 감축과 산업 재편 과정에서 발생하는 비용을 공정하게 분담하는 정의로운 전환의 중요성이 강조되면서 기후 불평등 논의도 정의로운 전환을 포함하는 방향으로 확장되고 있다.

 기후 불평등을 완화하기 위한 정책적 개입은 단순한 기후 적응을 넘어, 기후정의를 중심으로 한 사회경제적 재분배, 저소득층과 취약 지역의 탄소 감축 부담 경감, 기후변화로 인한 건강 위험에 대한 대응 등을 포함할 필요가 있으며, 이를 위해 다양한 사회적 요인과 기후적 요인 간의 상호작용을 종합적으로 고려한 통합적인 정책이 필요하다.

기후시민이 세상을 바꾼다

기후 소송을 제기합니다

 기후변화 영향은 세대 간에도 불평등한 영향을 미친다. 기성세대가 배출한 온실가스에 따른 영향을 앞으로 살아갈 시간이 상대적으로 더 많은 어린이, 청소년, 청년들이 받는다. 지금 당장 온실가스를 줄인다고 해도 온실가스의 영향이 상당 기간 누적되어 지속될 수밖에 없으므로 젊은 세대일수록 더 많은 기후위기를 경험할 것이다. 네이처 기후변화에 발표된 연구에 따르면[1], 32개 선진국의 60세 이상 사람들은 2005년 온실가스 배출량의 25.2%에 기여했고, 10년 후인 2015년에 그 비율은 32.7%로 증가했다. 시간이 지날수록 기성세대가 감당해야 할 기후위기에 대한 책임이 더 커지고 있는 것으로 분석된다.

 미국과 호주의 노년층의 1인당 탄소 배출량은 서구 평균의 2배로 가장 높았다. 이런 추세는 주로 탄소 집약적 제품에 대한 높은 지출(1인당 더 넓은 집 면적에서의 냉난방 등)과 같은 노년층의 지출 패턴 변화에 기인한다. 노인층의 높은 지출 수준은 축적된 부의 영향이 컸다. 그러나 자산에 따른 지출 탄력성은 다른 연령대보다 낮아 자산이 점차 줄어드는 동안 소비 패턴의 변화는 상대적으로 작을 수 있음을 시사한다. 앞으로도 이들의 온실가스 배출량이 많이 줄어들지는 않을 것이라는 의미다.

지구 온도 상승을 막으려면 현재 청년과 청소년들은 기성세대처럼 온실가스를 배출할 수 없다. 카본브리프의 분석에 따르면[2], 지구 평균 기온 상승을 2도 이하로 막으려면, 2012년 이후에 태어난 세대가 평생 배출할 수 있는 온실가스는 134톤으로 1946~1964년에 태어난 세대의 배출량(348톤)의 약 3분의 1에 불과하다. 1.5도를 제한하려면 1946~1964년생은 평생 온실가스를 325톤 배출할 수 있지만, 2012년 이후에 태어난 사람은 약 6분의 1에 불과한 56톤을 배출해야 한다.

반면 미래세대는 온실가스 배출로 인한 피해를 더욱 심각하게 겪을 것으로 전망된다. 1950년에 태어난 세대는 지구 평균 기온이 10년마다 0.12도 상승하는 것을 경험했다. 1980년에 출생한 세대는 1950년생보다 50% 더 빠른, 10년마다 약 0.19도 상승하는 것을 경험하고 있다. 2020년에 태어난 세대는 70세(2090년)가 될 때까지 시나리오에 따라 1950년생보다 약 3배 빠른 지구 기온 상승을 경험할 수 있다. 사이언스 지에 실린 연구에 따르면[3], 지구 온도 3도 상승 시나리오에서 2020년생 어린이들은 산불과 열대성 저기압 2배, 홍수 3배, 식량 위기 4배, 가뭄 5배, 폭염은 36배나 더 많이 경험할 것으로 예상되었다. 온실가스 배출로 인한 혜택을 누린 기성세대가 이에 따른 대가를 자녀와 미래세대에게 전가하는 세대 간 기후 불평등이 발생하고 있다.

이런 세대 간 기후 불평등 문제는 2018년 그레타 툰베리가 시작한 전 지구적 기후 파업 운동과 미국의 선라이즈, 영국의 멸종저항 운동 등으로 확산했다. 기존의 관성적인 정치체제에 맞서 일부는 정치적 행위를 주장하기 위한 강력한 수단으로 기후 소송을 제기했다. 전통적으로 국가, 지역 및 유엔의 정치적 논의의 장에서 소외되고 다자간 환경 협약의 고도화된 수사에 의해 무시되었던 젊은 세대가 현재와 미래세대의 대표로서 자신의 위치를 적극적으로 주장하고 있으며, 시위뿐만 아니라 기후 소송이라는 보다 공식적인 방법을 통해 의도적으로 세대 간 정의를 주장하고 있다.[4]

기후 소송은 전 세계적으로 더 많은 국가로 확산하고 있다. 런던정경대 그래덤 기후변화 환경연구소의 집계에 따르면[5], 2023년 말까지 전 세계에서 확인된 기후 소송은 최소 50여 개국의 2,666건(2023년 233건)이며, 이 중 70%는 2015년 파리협정 이후 제기되었다. 미국에서 총 1,745건(2023년 129건)으로 기후 관련 소송이 가장 많이 접수되었고, 호주가 132건으로 뒤를 이었다. 미국을 제외하고 2023년에 가장 많은 소송이 제기된 국가는 영국(24건), 브라질(10건), 독일(7건) 순이었다. 이 세 국가는 영국이 139건, 브라질 82건, 독일 60건으로 총 소송 건수도 많았다.

기후 소송은 새로운 국가로도 계속 확산되고 있고, 2023년에는 파나마와 포르투갈에서도 처음으로 소송이 제기되었다. 기후 소송은 주로 온실가스 감축을 위한 공공정책에 영향을 주려는 목적으로 제기된다. 기후변화의 악영향에 대응하거나 기후 재난과 관련된 손실에 대한 배상 및 보상을 위해 제기되기도 한다. 기후 소송은 대부분 비정부기구(NGO) 또는 개인이 제기하거나 이들이 함께 제기한 소송이었다. 이는 2023년에도 마찬가지여서, 미국 및 전 세계 모든 소송의 70% 이상이 개인, NGO 또는 두 주체가 원고로 참여했다. 이런 추세는 기후변화 의사결정에서 배제될 수 있는 시민사회 주체들이 법원을 통해 기후 행동에 대한 우려를 제기하려는 노력과 전략적 기후 소송의 증가를 반영한다.

정부를 대상으로 한 대표적인 기후 소송으로는 네덜란드의 우르헨다 소송이 꼽힌다. 네덜란드의 환경 시민단체인 우르헨다 재단을 비롯한 900명의 원고인단은 네덜란드 정부를 상대로 지구온난화를 방지하기 위해 정부가 더 많은 책임을 져야 한다며 집단 소송을 제기했다. 네덜란드 정부가 온실가스 배출량 감축 정책 목표를 2020년 말까지 1990년 배출량 대비 30% 감축에서 20%로 완화하자 우르헨다 재단이 "25~40%를 감축해야 한다"고 주장하며 낸 소송이었다.

2019년 12월 대법원은 유럽인권협약에 따른 생명권 등을 근거로 네덜란드 정부가 국제사회에 약속한 대로 2020년까지 온실가스 배출량을 1990년 대비 25% 이상 감축할 의무가 있다고 판결했다. 이 판결은 부적절한 정부의 기후변화 정책이 위법하며, 정부는 인권을 보장하기 위해 적극적으로 기후변화에 대응할 의무가 있고, 각 국가는 기후변화 완화를 위해 자신의 의무를 수행해야 한다는 것을 확인했다는 점에서 의의가 있다.

2021년 4월 독일 헌법재판소는 2030년까지 온실가스 감축목표를 명시한 독일 연방기후보호법이 일부 위헌이라는 결정을 내렸다. 아동과 청소년으로 구성된 청구인들은 독일 연방기후보호법상 2030년 온실가스 감축목표가 불충분해 청구인들의 기본권을 침해한다고 주장했다. 독일 헌법재판소는 정부의 불충분한 온실가스 감축 계획이 결국 미래세대에 부담을 준다는 점에서 입법자의 의무를 다하지 못해 헌법에 위배되며, 2030년 이후 구체적인 목표와 감축 계획이 없어 미래세대에 부담을 떠넘기는 것이라고 판단했다. 현재세대의 온실가스 감축량이 부족할수록 미래세대의 감축 부담이 커질 수밖에 없으므로 이런 행위가 다음 세대의 기본권을 침해할 수 있다는 지적이었다.

독일 헌법재판소 결정 이후 5개월이 지나 독일연방정부와 의회는 바로 법 개정에 들어갔다. 법 개정으로 2030년 감축목표를 55%에서 65%로 상향하고, 2040년까지 감축목표를 88%로 정했다. 2050년에 달성하려던 탄소중립을 2045년으로 앞당기는 내용도 기후보호법 개정에 담았다.

프랑스에서는 일명 '1유로' 손해배상 소송이 진행되었다. 옥스팜, 그린피스 등 환경단체들이 2019년 3~5월 프랑스 정부를 상대로 기후변화에 소극적 대응을 한 책임을 물어 손해배상을 청구한 사건이다. 금액보다 국가의 의무를 촉구하는 상징적인 의미가 담겼다. 프랑스 법원은 "국가가 기후변화에 맞서 싸우는 약속을 준수하지 못한 과실이 있다"며 일부 환경단체 손을 들어주었다. 또 미국 몬태나주에서도 2023년 8월 정부의 기후위기 책임을 인정하는 판결이 나왔다. 청소년들이 몬태나주의 화석연료 친화적 법률이 '깨끗하고 건강한 환경'에 관한 권리를 침해한다며 낸 소송에서 미국 몬태나주 법원은 청소년들의 손을 들어주었다.[6]

포르투갈에서는 청소년 6명이 2019년 9월 기후 소송을 위한 크라우드펀딩을 시작했다. 2017년 포르투갈 수도 리스본 북쪽 페드호가우 그란데에서 발생한 대형산불로 66명이 숨진 사건이 계기가 되었다. 이들은 산불 발생 3년 뒤인 2020년 9월 2일 유럽 32개 국가를 유럽인권재판소에 제소하면서, 유럽 나라들이 기후변화에 대응하지 않아 유럽인권협약 제2조(생명권), 제8조(사생활을 존중받을 권리), 제14조(차별금지) 등을 침해했다고 주장했다.[7]

한국에서는 2020년 3월 13일 청소년 19명이 제기한 '청소년기후 소송'이 시작이었다. 이들은 당시 저탄소녹색성장기본법의 온실가스 감축목표가 소극적이기 때문에 청소년의 생명권·환경권 등을 침해한다며 헌법소원 심판을 청구했다. 아시아 최초의 기후 소송이었다. 같은 해 11월에는 중학생 2명이 기후 소송을 제기했고, 2021년 10월에는 기후위기비상행동 등 123명이 '시민 기후 소송'을, 2022년 6월에는 5살 이하 영유아 40명 등 62명이 참여해 '아기 기후 소송'을 제기했다. 4건 모두 '탄소중립·녹색성장

기본법(탄소중립법)'과 시행령 등에 규정된 국가 온실가스 감축 목표가 너무 낮아 시민과 미래세대의 기본권을 침해하고 있다는 취지의 헌법소원이었다.

헌법재판소는 첫 청구 후 4년 만인 2024년 4월 소송 4건을 병합해 첫 공개변론을 열고 본격적인 심리에 들어갔다. 청구인 측은 기후위기 대응을 위한 탄소중립법과 시행령, 국가 기본계획 등에서 중장기 국가 온실가스 감축목표를 '2030년까지 2018년 배출량 대비 40% 감축'으로 설정한 부분을 중점적으로 문제 삼았다. 이와 같은 정부의 대응은 충실하지 못해 미래세대에게 '안정된 기후에서 살 권리'를 비롯한 헌법상 환경권, 생명권, 건강권, 행복추구권 등 기본권 침해가 발생한다고 주장했다. 반면 정부는 온실가스 40% 감축 자체가 기존 목표를 대폭 상향한 것으로, 제조업 중심의 경제구조와 주요 선진국보다 온실가스 배출량 정점이 늦은 점 등을 고려하면 경제계·산업계에서 느낄 부담이 크다고 반박했다.[8]

결국 헌법재판소는 2024년 8월 29일, 정부가 2031년부터 2049년까지 감축목표를 제시하지 않았다는 점에 대해 "미래에 과중한 부담을 이전하는 방식으로 감축목표를 규율한 것"이라며 헌법불합치 결정을 내렸다. 이는 기본권 보호 의무를 위반한 것으로, 환경권을 침해했으므로 2031년 이후 기간도 법률에 직접 규정해야 한다고 결정했다. 기후변화로 인해 침해되는 현재세대와 미래세대의 자유와 권리에 대한 최소한의 보호조치를 이행하지 않음으로써 국가의 기본권 보호의무 위반, 평등의 원칙 등에 위배되어 대한민국 헌법을 위반했다는 것이다. 다만 2030년까지 40% 감축 목표에 대해서는 "미래세대에 과중한 부담을 이전하는 것이라 단정하기 어렵다"며 재판관 전원일치로 청구를 기각했다.

이 결정은 기후변화와 온실가스 감축에 대한 정부 정책이 기본권을 침해했다는 점을 헌법재판소가 아시아에서 처음으로 인정한 것으로, 본격화하고 있는 대만·일본 등 다른 아시아 국가들의 기후 소송 판결에도 적지 않은 영향을 미칠 것으로 보인다.

이제 한국 정부는 2031년 이후 중장기 온실가스 감축목표를 헌법재판소가 제시한 '과학적 사실과 국제적 기준에 근거해, 전 지구적 감축 노력에 우리나라가 기여해야 할 몫에 부합'하게 결정해야 한다. 헌법재판소가 정한 탄소중립기본법 개정 시한은 2026년 2월 28일까지다.

헌법재판소가 제시한, 과학적인 사실을 토대로 한 국제적 기준은 IPCC의 6차 보고서가 제시하고 제28차 유엔기후변화협약 당사국총회가 공인한 1.5도 전 지구적 감축 경로다. 이 기준에 따르면 전 세계는 2019년 수준 대비 온실가스 배출량을 2030년까지 43%, 2035년까지 60% 감축해야 한다. 이는 세계 평균을 의미하므로, 한국은 기후위기에 대한 책임(누적 배출량과 1인당 배출량 등)과 경제적 역량(GDP) 등을 고려해 세계 평균보다 더 많은 감축목표를 정해야 할 것이다. 한국 정부는 2025년까지 유엔기후변화협약 사무국에 2035년 온실가스 감축목표를 제출해야 한다.

앞선 기후시민, 뒤처진 기후 정치

　최근 들어 기후위기에 민감하게 반응하고 기후위기 대응에 적극적으로 나서는 정치인에게 투표하려는 '기후유권자' 또는 '기후시민'이 존재한다는 사실이 확인되고 있다. 2021년 말 시사인과 한국리서치가 설문조사해 1천 명이 최종 응답한 결과를 보면[9], '기후위기가 나의 문제처럼 느껴진다'라는 답변이 64.5%로 과반을 훨씬 넘어섰다. 주거·부동산(74.9%)과 일자리·고용(70.5%)보다는 낮았지만, 복지·분배(62.8%)나 양성평등(38.2%)보다 높았다. 시민들은 기후위기를 복지·분배와 비슷한 '나의 문제'로 여기고 있다는 것을 확인했다. 기후위기가 '정부의 최우선 정책이다'라는 질문에는 43.3%가 동의했다. 이 질문도 역시 일자리·고용(68.1%)과 주거·부동산(65%)보다는 낮았고, 복지·분배(39.4%)나 양성평등(15.4%)보다 높았다.

　'나는 대선에서 나와 정치적 성향이 달라도 기후위기 해결에 앞

장서는 후보가 있다면 지지하겠다'는 질문에는 '그렇다'는 응답이 38.8%였다. '나에게는 이번 대선에서 다른 어떤 공약보다 기후위기 공약이 중요하다'는 질문에는 36.8%가 동의했다. 전체 응답자의 3분의 1이 넘는 이런 답변에 한국 정치 지형을 바꿀 '기후 정치 세력'이 등장할 수 있을 것인지에 관심이 집중되었다. 하지만 이들이 2022년 대통령선거에서 이런 의사를 실제 투표로 행사했는지를 확인할 수는 없었다.

기후시민의 존재는 2025년 설문조사 결과로 재확인되었다. 녹색전환연구소·더가능연구소·로컬에너지랩이 함께 하는 '기후정치바람'이 진행한 '2025 기후위기 국민 인식조사 결과'를 통해서다.[10] 기후위기 국민 인식조사는 기후 문제에 대해 성별·연령별·정치 성향별 등에 따라 어떤 격차와 특성을 보이는가를 찾아내고자 설계되었다. 2회차를 맞는 이번 조사는 2025년 4월 7~30일 동안 1만8천 명(17개 광역시도별 800명, 전국 4,400명)을 대상으로 진행되었고, 전국 4,482명을 대상으로 한 1차 결과가 먼저 발표되었다. 2023년 12월~2024년 1월 기간 진행되었던 1회차 조사에서는 한국에 '기후 유권자'가 33.5%인 것으로 분석되었다. 기후 유권자는 기후 의제에 대해 알고, 민감하게 반응하며, 기후 의제를 중심으로 투표 선택을 고려하는 유권자로 정의되었다.

이번 조사에서는 한국 사회 내 '기후시민'과 '민주시민'을 각각 도출한 후 이들 데이터를 결합해 '기후민주시민'으로 정의하고 현황을 분석했다.

먼저 기후정치바람은 기후시민을 기후위기를 해결하기 위해 정치적 의사결정 과정에 참여하며 정부나 기업 등에 지속 가능한 정책을 요구하는 활동에 적극적으로 참여하는 집단군으로 정의했다. 구체적으로 보면 '기후위기는 인간 활동의 산물이다', '시급히 탄소중립을 달성해야 한다', '나는 일회용품 사용을 줄이기 위해 장바구니, 텀블러, 수건을 가지고 다닌다', '탄소 배출 감축을 위해 쓰레기양을 줄이려고 노력한다', '다음 정부는 기후위기 대응을 최우선 과제로 삼아야 한다', '한국 정부가 국제사회에 약속한 2030 온실가스 감축목표는 지켜야 한다'라는 문항 모두에 긍정적으로 응답한 이들이 기후시민으로 분류되었다. 이 비율은 전체 응답자의 50.9%에 달했다.

모든 연령층에서 여성이 남성보다 기후시민 비율이 높았고 전체 평균보다 높은 비율을 차지했다. 남성 중에서는 60대 남성에서만 기후시민 비율이 전체 평균 이상(55.5%)이었고, 기후시민 비율이 가장 낮은 성별·연령 집단은 30대 남성(38.3%)과 18~29세 남성(38.8%)의 순이었다. 지역별로는 인천(57.4%), 전남(56.1%), 경북(55.8%), 대구(54.4%), 전북(52.3%)이 전국 평균을 웃돌았다.

기후정치바람은 인천의 경우 시민들이 10년 넘게 수도권 매립지 종료 계획과 이를 둘러싼 갈등을 경험했고, 전남과 전북 시민들은 태양광과 해상풍력 발전 등 에너지 전환 경험을 쌓아왔기 때문에 기후시민 비율이 높은 것으로 추정했다. 경북·대구의 경우는 1차 조사 때와 비교해 유의미하게 증가했는데, 이는 2025년 3

월 발생한 역대 최악의 대형산불이 기후위기 인식에 영향을 끼친 것으로 추정되었다.

민주시민은 국민 주권·자유·평등·인권·법치주의 같은 민주주의 기본 가치를 신봉하며 이런 가치를 실현하고자 노력하는 이들을 말한다. '정부 지도자는 시민들과 협의하지 않고 혼자 결정을 내리는 것이 더 낫다', '공직자는 시민의 권리를 침해할지라도 공권력 행사를 우선해야 한다', '어떤 상황에서는 비민주적인 정부가 바람직할 수 있다', '한 사람이나 소수에게 권력이 집중되는 것이 국가의 질서를 보장하는 데 더 낫다', '정부는 정부에 비판적인 언론이나 매체를 폐쇄해야 한다', '올해(2025년) 1월 서부지방법원에 난입한 사람들의 행동은 민주주의에서 표현의 자유로 인정되어야 한다'는 질문에 모두 부정적으로 답변한 응답자가 민주시민으로 분류되었다. 이들은 전체 답변자의 61.3%에 해당했다.

민주시민 비율이 전체 평균보다 높은 집단은 50대 여성(71.3%), 40대 여성(70.7%), 40대 남성(68.6%), 30대 여성(66.7%), 18~29세 여성(64.7%), 50대 남성(64.6%) 순이었다. 70대 이상 여성을 제외한 전 연령층에서 여성은 남성보다 민주시민 비율이 높았다. 40대와 50대에서는 남자와 여자 모두 민주시민 비율이 전체 평균을 상회했다. 민주시민 비중이 낮은 집단은 70대 이상 남성(48.6%), 18~29세 남성(49.7%), 30대 남성(52.3%), 70대 이상 여성(55.9%), 60대 남성(56.0%) 순이었다.

이처럼 데이터들을 종합해 분석한 결과, 기후시민과 민주시민의 조건을 모두 충족하는 한국의 '기후민주시민'은 36%로 집계되었다. 기후민주시민은 기후위기를 민주주의적 가치와 연결해서 인식하고, 정책적 해결을 중시하는 시민 집단이라 할 수 있다. 기후위기에 대한 중요성을 인식하고, 이를 해결하기 위한 정책 변화와 민주적인 과정을 요구하는 시민들이다. 성별로는 50대 이하 여성과 40대·50대·60대 남성이 전국 평균보다 높았다. 지역별로는 전남이 42.7%로 전국 평균을 상회했다. 이어 전북(42.3%), 인천(39.9%), 경기(37.9%) 순이었다. 가장 낮은 곳은 울산(28.4%)이었다. 이념 집단별로는 기후민주시민 중 진보층이 46.2%를 차지했다. 중도층은 40.0%였으며, 보수층은 21.8%였다.

 기후민주시민들이 바라는 기후 대응은 명료하다. 기후민주시민은 온실가스 감축을 위해 재생에너지 확대(68.1%)가 우선 필요하다고 답했다. 이는 원자력발전 확대(13.6%), 석탄발전 감축(11.4%)보다 훨씬 높은 수치다. 선호하는 기후 대응 정책 방향에 대해서는 '국가 주도 공공투자 중심형'을 가장 많이(49.5%) 꼽았다. 이어 적극적인 배출 규제 중심형(20%), 보조금을 동반한 민간투자 중심형(19.5%)이 뒤를 이었다.

 기후 재난의 영향으로 이제는 기후민주시민뿐만 아니라 전체 시민의 기후위기 인식 전반이 높아진 것으로 나타났다. 지난 1년 동안 경험한 기후 재난을 모두 선택해달라는 질문에 시민 중 64.7%는 폭염을 꼽았다. 이어 가뭄(19.6%)과 산불(16.9%), 홍수

(15.7%)가 뒤를 이었다. 기후위기가 금융자산과 부동산자산 가치에 얼마나 영향을 미치는지에 대한 질문에 3명 중 2명 이상인 68.3%가 어느 정도 영향을 받거나(45.7%) 매우 영향을 받는다 (22.5%)고 답했다. 앞서 2023년 12월 조사(51.6%)보다 20% 가까이나 증가했다.

이런 인식 변화에 따라 2030년 국가 온실가스 감축목표를 준수해야 한다는 응답이 63.4%, 탄소중립을 하루빨리 달성해야 한다는 응답은 74.9%로 높았다. 60.4%는 헌법을 개정해 탄소중립과 기후위기 대응에 국가 책임을 명시해야 한다는 데 동의했고, 기후위기 영향 입법 과정에 미래세대의 의견을 반영해야 한다는 데는 74.9%가 동의했다. 향후 출범할 정부는 기후위기 대응을 최우선 과제로 삼아야 한다는 응답은 62.3%, 부총리급 기후위기 대응 부서 신설에도 57%가 동의했다.

기후 대응을 위해 전기요금 인상이나 탄소세 도입에 찬성하는 시민들 역시 많은 것으로 조사되었다. 에너지 전환을 위해 전기요금 인상이 불가피하다는 주장의 찬반 의견에 시민 54.8%는 '찬성한다'고 답했다. '반대'는 37.9%, '잘 모르겠다'는 응답은 7.4%였다. 찬성한다고 답한 이들에게 전기요금 인상 규모를 물은 질문에 절반인 53.5%가 '현재의 10% 정도'로 답했다. 기후 대응을 위한 재원 마련 방안으로 탄소 배출량에 비례해 세금을 부과하는 탄소세 도입이 필요하다는 주장에 대해서는 찬성이 71.2%로 높았다. 반대는 19.3%에 그쳤다. 특히 제주(84.8%)에서의 찬성이 두

드러지게 높았다.

  대중교통・자전거・도보 이용자를 위한 인센티브 도입 필요성에는 10명 중 8명에 가까운 79.5%가 찬성한다고 답했다. 2035년부터 내연기관차 신규 판매 중단에 대한 찬성 응답도 61.1%에 이르렀다. 기후 재난과 관련해 68.4%는 개인이 기후 재난을 감당해야 한다는 의견에 동의하지 않았고, 가장 효과적인 기후 재난 산업재해 예방 정책으로는 '극한 기후 시 작업 중지 의무화'(44.6%)를 선택한 답변이 가장 많았다. 태양광 설비 설치와 관련해서는 영농형 태양광(농지 위에 태양광 패널을 설치해 농사와 전기 생산을 동시에 하는 방식) 보급 확대에 74%가 찬성했고, 60.4%는 본인 소유의 집이나 땅에 태양광 발전설비를 설치할 의향이 있다고 답했다.

  설문에 응답한 시민들의 기후위기 대응에 대한 다양한 의견들을 보다 보면, 대통령선거 후보들의 토론이나 공약보다 시민들의 인식이 훨씬 더 앞서 있다고 생각할 수밖에 없다. 기후시민과 정치인 사이에 벌어진 이런 격차를 좁혀 나갈 방안을 마련해야 한다.

그래야 하고 그럴 수 있기를

 기후위기는 헌법이 규정하고 있는 기본권인 환경권과 평등권, 사회권, 행복추구권 등 국민에게 보장되어야 하는 권리의 침해와 관련한 문제일 뿐만 아니라 함께 방법을 찾고 해결해야 하는 민주주의의 문제다. 시민은 정부 정책에 대한 홍보나 계도를 해야 할 객체가 아니라 기후변화에 따른 피해 당사자이자 헌법상 기본권 향유자이며 정부와 국회 등과 문제를 공유하고 함께 해결해나가는 주체다.[11]

 민주주의의 가장 큰 장점은 시민들이 정치적 의사결정에 적극적으로 참여할 수 있다는 것이다. 물리적·시간적 한계로 모든 시민이 공동체 의사결정에 직접 참여하지 못해 직접민주주의가 아닌 대의민주주의를 시행하고 있더라도 시민의 의사결정 참여는 민주주의에서 절대로 침해될 수 없는 가장 큰 가치라는 점에서는 아무런 이견이 없다.

그러나 오늘날 대의민주주의는 근대입헌주의 국가 형성 이후 가장 널리 퍼진 민주주의 형태임에도 불구하고 다양한 면에서 여러 가지 비판에 직면하고 있다. 그중 가장 크게 제기되는 비판은 대표의 실패다. 대표의 실패는 투표로 선출된 대표가 주권자인 시민의 의사를 제대로 반영하지 못한다는 것이다. 또한 근본적으로 시민참여가 제약받는 문제가 생긴다. 대의민주주의에서 시민은 자신의 의사를 반영해줄 대표자를 선출하는 역할로만 한정된다.

대의민주주의의 가장 큰 문제점은 시민의 참여 결여로 인해 민주적 정당성이 약화할 수 있다는 점이다. 그렇기에 시민의 참여 확보와 의사의 확인을 통해 민주적 정당성을 강화해야만 문제점을 해결할 수 있을 것이다. 따라서 기후위기 대응에서 시민의 참여는 시민의 권리를 보장하고 민주적 정당성을 확보하기 위해 필수적이다.

한국 정부는 2020년 10월에 2050년 탄소중립을 선언한 이후 추진 동력 확보 및 안정적 정책 추진을 위해 '2050 탄소중립위원회의 설치 및 운영에 관한 규정'에 따라 2021년 5월 대통령 소속 '2050 탄소중립위원회'를 신설했다. 규정에 따라 위원회는 위원장 2명(국무총리와 민간위원 중 대통령이 지명하는 사람)을 포함해 50명 이상 100명 이하의 위원으로 구성하며, 관련 정부 부처 장관을 비롯해 관련 분야에 관한 학식과 경험이 풍부한 사람들 중에서 대통령이 위촉하는 사람으로 구성되었다. '관련 부처'와 '전문가'로 구성된 다른 정부 위원회와 별반 다르지 않은 규정이었다.

 탄소중립위원회는 출범 당시 8개 관계 부처 장관, 기후·에너지·산업·노동 분야 전문가, 시민사회·청년 등 각계를 대표하는 민간 위원 77명을 포함한 97명의 위원으로 구성되었다. 다양한 시민들의 관심과 참여가 중요한 상황이었음에도 탄소중립을 실현하는 데 가장 중요한 시민과 청년·청소년 등 미래세대들의 발언 기회가 없다는 점, 전문가들의 식견에만 맡겨서는 기후위기 문제가 나아질 수 없다는 비판이 제기되었다.[12]

 정부는 이런 비판에 대응하면서 '탄소중립시민회의'라는 이름의 국민참여정책단을 출범했다. 또 탄소중립위원회에 국민참여분과를 두었다. 기후위기 대응을 위한 정책에 다양한 사회 각계각층의 목소리와 아직 집단으로 형성되지 않은 국민의 목소리까지도 더욱더 적극적으로 반영하기 위함이었다. 탄소중립시민회의에 참여하는 시민 위원은 533명으로, 만15세 이상의 국민을 대상으로 지역, 연령, 성별 등을 기준으로 비례 할당한 뒤 무작위로 선정되었다. 시민 위원은 8월 9일부터 한 달간 2050 탄소중립시나리오와 2030 온실가스 감축목표의 이슈를 학습하고, 9월 11~12일 시민대토론회를 열어 쟁점별 종합토론을 진행하고 이후 의견 수렴을 거쳤다.

 인구통계학적 대표성을 보장하기 위해 추첨을 통한 선정과 숙의 과정을 거치는 등 형식적인 면에서 시민참여 방식을 취한 것이란 평가도 있었지만, 결과적으로 기후위기와 기후 재난에 가장 많은 영향을 받는 노동자, 농민, 빈민, 주민들이 탄소중립시민회의에 참여할 수는 없었다. 정부의 그린워싱(위장환경주의)에 시민들이 동원된 것이라는 비판도 있었다. 탄소중립을 위해 가장 시급한 결정들(신규 석탄발전소 건설 중단 등)은 소외되고 정부에 의해 만들어진 추상적이고 보수적인 시나리오에 한정된 토론만 한다는 비판이었다. 또한 결정적으로 단지 의견 수렴에 그칠 뿐 실질적인 권한이 부여되지 않았으며, 무엇보다 위원회의 종속적 기구에 불과하다는 결정적인 한계가 있었다.[13]

2021년 10월 12일, 탄소중립위원회 국민참여분과는 "2030년 온실가스 감축목표 50% 이상 상향 필요"로 결론을 내렸다. 몇 달에 걸친 위원회 내에서의 검토, 교육계, 종교계, 청년, 시민사회를 비롯한 다양한 단위의 의견 수렴, 그리고 탄소중립위원회를 반대하는 시민사회단체의 목소리, 보다 강력한 감축 정책을 요구하며 사퇴한 종교분과위원들의 호소를 종합적으로 고려한 결정이었다.[14] 하지만 탄소중립위원회 총괄위원회는 온실가스 감축목표 안을 40%로 결정했고 이후 정부 목표로 최종 결정되었다.

탄소중립시민회의는 위상과 권한 등 여러 한계에도 불구하고 시민들이 다양한 쟁점을 숙의를 통한다면 이해당사자와 중재자로서 역할을 할 수 있다는 것을 확인했다는 평가도 있다. 충분한 자료와 설명이 제공된다면, 시민들이 탄소중립 정책의 방향을 결정하는 데 중요한 역할을 할 수 있다는 것을 확인했다는 것이다.

하지만 2022년 3월 시행된 탄소중립·녹색성장기본법에 따라

10월에 새롭게 구성된 탄소중립녹색성장위원회에는 탄소중립 정책 수립 과정에 각계각층의 다양한 국민을 참여시키기 위해 만들어졌던 국민참여분과는 존재하지 않았다. 탄소중립시민회의도 사라졌다. 위원회는 공동위원장 2인을 포함해 관계 부처 장관 등 당연직 위원 23명과 위촉직인 민간 위원 32명으로 구성되었다. 민간 위원은 77명에서 32명으로 줄었고, 환경단체와 노동계, 사회적 약자 등은 철저히 배제되었다.

탄소중립기본법 제15조에 따르면 "위원을 위촉할 때에는 아동, 청년, 여성, 노동자, 농어민, 중소상공인, 시민사회단체 등 다양한 사회계층으로부터 후보를 추천받거나 의견을 들은 후 각 사회계층의 대표성이 반영될 수 있도록 하여야 한다"고 규정하고 있다. 하지만 전체 민간 위원 32명 중 교수와 전문가가 24명으로 구성되어 있고, 경제단체 및 기업 대표는 다수 참여하고 있으나 기본법에서 규정하는 청년, 여성, 노동자, 농어민 등을 대표하는 인원의 참여는 거의 없었다. 이에 따라 매우 비민주적이고 편향된 구성임은 물론 법률 위반의 소지마저 있다는 비판이 제기되었다.[15]

또한 2023년 3월 탄소중립녹색성장 기본계획(탄소중립계획) 수립 과정에서 국민 의견 수렴이 부족했고, 의견 수렴이 편향되었다는 지적도 나왔다. 기본계획의 법정기한을 3일 앞두고 공청회를 실시하는가 하면, 계획의 내용을 공청회 하루 전날 언론을 통해 발표하기도 했다. 또한 주요 경제단체와의 간담회 외에 다른 사회 각계각층의 국민 의견 수렴 과정은 거의 진행하지 않았다. 비판이 제기되자 위원회는 뒤늦게 청년단체와 시민단체를 대상으로 추가 토론회를 진행하려 했지만, 시민단체 토론회는 대다수 단체의 거부로 반쪽 진행되었다.[16]

위원회의 운영 자체도 부실했다는 평가다. 사실상 민관 협의는 없었고 당연직 위원들의 참여도 저조했으며 중요한 계획에 대한 심의도 제대로 하지 못했다는 것이다. 위원회가 제 역할을 충실하게 하지 못하는 구조와 상황인 만큼 위원회 체제 자체를 근본적으로 재검토할 필요가 있다는 지적까지 나왔다.[17] 하지만 이런 비판과 지적에도 불구하고 2025년 2월 새롭게 출범한 위원회도 이전 위원회의 인원과 구성에 큰 차이가 없는 상황이다. 그리고 2035년 국가 온실가스 감축목표와 같은 중요 사안들을 논의한다.

2010년대 후반부터 유럽에서는 시민들이 참여해 기후위기 대응방안을 토론하고 권고하는 시민의회 프로그램이 조직되었다. 아일랜드와 프랑스, 영국, 스코틀랜드, 덴마크, 독일 등에서 국가 차원의 기후시민의회 프로그램이 확산했고 입법 실무자와 시민이 협력하는 다양한 방식이 시도되었다. 각국 시민의회 프로그램에는 약 100명에서 160명의 시민이 참여했다. 이는 '숙의적 실험의 물결'로 지칭되었으며, 범사회적인 정당성을 확보할 수 있는 기후 정책을 논의하는 방식으로 주목받았다.

6개국 사례 모두 정부 주도로 진행되었는데, 국가별로 회의 진행과 권고안 결정 방식은 달랐다. 영국의 경우 의회가 주도했고, 독일은 시민단체가 시민의회의 권고안을 지도자들에게 전달하는 형식이었다. 아일랜드와 독일의 경우 시민들이 의제를 선정하고 세부 사항은 행정실무자가 작성했고, 프랑스에서는 참가자들이 직접 법안 초안을 작성했으며, 덴마크에서는 구체적인 정책 제안을 제시했다. 영국은 전문가들이 정책을 제안하고 참가자들이 제안을 평가하는 방식이었다.

이런 기후시민의회 프로그램은 시민 참여형 숙의 프로그램들이 일회적인 정치행사가 아니라 정책 결정에 지속적인 영향을 미칠 수 있다는 것을 보여주었다. 스코틀랜드 기후 의회와 프랑스 기후시민의회는 권고안을 제출한 이후 추가 회의를 소집해 정부와 의회의 대응을 평가하도록 했다. 덴마크 기후의회 역시 일회적 프로젝트가 되지 않도록 2단계의 숙의 프로그램을 기획했고, 시민의 지속 참여를 보장하기 위한 기후의회 정례화를 논의했다.[18]

프랑스의 사례는 좀더 자세하게 살펴볼 필요가 있다. 프랑스는 헌법상 한국과 유사한 정부 형태 구성 요소를 가지고 있고 대통령 중심제로 운영되며 수도 파리를 중심으로 한 단일국가이자 인구 규모도 약 6,800만 명 정도로 비슷하다. 프랑스의 기후시민의회는 2018년 정부의 유류세 인상 조치에 항의하며 시작되어 프랑스 전역으로 확대된 노란조끼 운동에 대한 대응으로 출범했다. 에마뉘엘 마크롱 대통령은 노란조끼 운동의 요구사항을 수용한다는 취지에서 대토론회를 개최했고, 참가자들의 요구사항을 받아들이는 차원에서 기후위기에 대한 공론화 프로그램을 발표했다.

2019년 10월 총리 에두아르 필립의 요청에 따라 프랑스의 기후시민의회가 설립되었으며, "2030년까지 온실가스 배출량을 최소 40% 감축하기 위한 조치(1990년 대비)"를 논하는 공론화 프로그램이 개시되었다. 기후시민의회는 프랑스에서는 전례 없는 민주적인 경험이며, 목표는 시민들이 기후위기에 맞서 싸울 수 있는 목소리를 내는 것이었다. 이 의회의 주요 임무는 사회정의 실현의 정신으로 2030년까지 1990년 대비 온실가스 배출량을 최소 40% 이상 감소시키기 위한 일련의 조치를 수행하는 것이었다. 마크롱 대통령은 기후시민의회에서 제안된 정책은 별도의 절차 없이 정부의 입법안으로 작성해서 의회의 표결 또는 국민투표에 회부하고 빠른 시일 내에 이행할 것이라고 시민들에게 약속했다.[19]

프랑스의 기후시민의회는 선거인 명부에서 무작위로 150명의 시민을 추첨해서 패널을 구성했다. 전국에서 프랑스 인구 구성에 비례해 남성 48%, 여성 52%를 선발했으며, 이렇게 구성된 시민의회 구성원은 성별, 연령(16세 이상부터), 사회경제적 배경(농부, 노동자, 관리자, 은퇴자, 실업 상태 등), 교육 수준, 거주 유형(도심지, 교외, 농촌 등), 지리적 지역의 여섯 가지 인구 통계학적 측면에서 프랑스 대중을 대표하도록 설계되어 무작위로 선택되었다. 시민의회는 거버넌스 위원회, 조직적 지침과 지원을 제공하는 전문가팀, 법률 이사회를 비롯한 여러 위원회의 지원을 받았으며, 숙의 과정에는 기후학계, 경제학계, 기업, 사회단체 등에서 140명의 전문가가 참여했다.

참가자들은 소비, 생산, 이동, 주거, 음식의 다섯 가지 문제에 대해 워킹 그룹으로 나뉘어 온실가스 배출량을 줄이는 방안을 토론했다. 첫 번째 세션은 의회의 역할을 정의하는 데 초점을 맞추었고, 두 번째 세션은 의회가 답변해야 할 기후위기 문제를 다루었으며, 세 번째 세션에는 외부 전문가와의 회의를 진행했다. 네 번째 세션은 5개 워킹 그룹이 토론을 거쳐 제안을 마련했고, 다섯 번째 세션에서는 제안서를 최종 확정했다. 여섯 번째 세션에서 제안서를 제출하고, 일곱 번째 세션에서는 제안에 관한 투표를 진행했다.

2020년 6월부터 2021년 2월까지 9개월 동안 운영된 기후시민의회에서는 기후위기 대응을 위해 149개 권고 사항이 담긴 460쪽짜리 보고서가 제출되었다. 구체적으로 프랑스 기후시민의회가 투표로 최종 확정한 제안을 살펴보면, 석유 및 석탄 보일러 설치 금지, 공공장소 및 카페에서의 실외 난방 금지, 에너지 절감 효과를 극대화하기 위한 건물 개선 의무화, 고속도로의 속도 제한을 기존 시속 130㎞에서 110㎞로 낮추기, 온실가스 배출량을 감소시키기 위한 자동차 시장의 규제 강화, 대중교통 활성화를 높이기 위한 열차 티켓 부가가치세 완화, 대중교통 이용 시 열차를 타고 4시간 이내에 갈 수 있는 거리의 항공기 이용 금지, 알자스 지역 등의 자연보호구역 조성, 생태계 파괴에 대한 처벌의 강화, 지역별 재생에너지 프로젝트 수립 시 시민 참여 보장 등이었다.

마크롱 대통령은 146개 권고안을 수용하겠다고 선언했고, 2021년 4월 프랑스 정부는 71개 권고안에 대한 조치를 시행하고 있다고 발표했다. 특히 권고에 따라 헌법 1조를 '정부는 기후위기와 생태파괴로부터 국민을 보호할 의무가 있다'로 수정했다.

프랑스의 기후시민의회는 노란조끼 운동의 요구 사항에서 출발해서 정부의 대규모 재정 지원으로 출범했고, 기후 문제의 심각성을 대중적으로 홍보하고 일반 시민들이 집단적인 숙의를 시도했다는 점에서 높게 평가받고 있다. 하지만 정부의 조치가 여전히 충분하지 않다는 비판이 있으며, 실제 입법 과정에서 15개(10%)의 권고안만이 채택되었다는 평가도 제기되었다. 기후시민의회 참가자들은 공론화 프로그램 종료 이후에도 영향력을 행사한다는 취지에서 'Les 150'이라는 비영리단체를 조직해서 활동을 이어가고 있다.[20]

한국에서도 숙의민주주의 실험이 있었다. 2017년 운영된 신고리 5·6호기 공론화위원회였다. 정부가 탈원전을 정책으로 제시했지만 제대로 추진하지 못하는 상황에서 발전소 건설 지속 여부를 시민에게 물었다. 추첨으로 뽑힌 500여 명은 사흘간 찬반 양쪽 전문가들의 설명을 듣고 원전 공사 중단 여부를 결정해야 했다.

사흘이라는 기간은 너무 짧았고 양자 선택을 강요한 공론 조사라는 방식도 숙의민주주의로는 한계가 뚜렷했다는 평가였다.[21] 그리고 탄소중립위원회 출범 당시 프랑스와 영국 등에서 기후시민의회가 운영되고 있었음에도 한국 정부는 기존 방식을 답습하는 형태로 위원회를 출범시켰다. 기존 방식의 한계를 보완하기 위해 탄소중립시민회의를 구성해 운영했지만, 시민참여가 아닌 시민

동원이라는 비판, 짧은 숙의 기간과 부족한 의견 수렴, 정부 정책에 대한 편향성 등 우려로 인해 사회적 신뢰를 얻지 못했다. 그나마 있던 시민회의마저 없어진 탄소중립위원회는 점점 이해당사자를 배제한 채 산업계와 전문가 위주로 구성되었고, 시민과 민주주의가 들어설 자리는 사라졌다.

한국에서도 기후시민의회를 신설해 시민들이 중차대한 기후위기 문제를 주도적으로 논의하고 해결 방안을 마련할 수 있도록 적극적으로 지원해야 한다. 2024년 말부터 시작된 계엄 사태와 대통령 탄핵 국면, 조기 대통령선거에 이르기까지 한국 사회의 원동력은 '시민'이었다. 시민은 정책 대상이 아닌 정책의 결정자다. 우리 사회 구성원 모두가 예외 없이 맞닥뜨려야 하는 기후변화 문제는 시민의 목소리를 반영한 '삶'의 언어로 채워진 정책으로 만들어지고 추진되어야 한다. 한국 사회의 시민은 기후 유권자에서 기후시민, 그리고 기후민주시민으로 거듭나고 있다. 기후민주시민이 불평등한 기후위기를 극복하고 세상을 바꿀 수 있다. 그래야만 하고, 그럴 수 있기를 희망한다.

에필로그

2025년 5월23일 열린 제21대 대통령선거 후보자 2차 TV 토론회에서는 사회갈등 극복과 통합 방안, 초고령사회 대비 연금·의료 개혁과 함께 기후위기 대응 방안이 주요 토론 주제로 다루어졌다. 그동안 기후환경단체들이 요구해온 기후위기를 단일 의제로 한 토론회는 아니었지만, 1997년 대선 후보 TV 토론회가 실시된 이후 기후위기가 공식 주제로 포함된 것이 처음이라고 하니 주목할 만한 변화이자 성과라 할 수 있다. 하지만 대선 후보들의 기후위기에 대한 인식과 토론 내용은 일반 시민들의 상식적인 수준에도 미치지 못하는 것은 아닌지 의구심이 들게 했다. 대선 후보들이 발표한 기후 환경 공약도 지난 대선 때를 답습하거나 후퇴했다는 평가가 많았다.

2025년 6월 3일 대통령선거를 통해 새로운 정부가 출범했다. 이번 정부의 임기는 2030년 6월까지다. 한국이 국제사회에 약속한 온실가스 감축목표(2030년까지 2018년 대비 40% 감축)의 기간과 정확히 일치한다. 이번 정부의 임기 전체가 온실가스 감축 등 기후위기 대응의 '골든타임'인 셈이다. 그만큼 중차대한 시기를 책임지게 된다. 기후에너지부를 출범하고 경제협력개발기구(OECD) 꼴찌 수준인 재생에너지 비중을 올려 국제사회 경쟁력을 높이겠다는 계획은 긍정적으로 평가된다. 하지만 기후위기 대응은 행정 구조의 통합만으로 완성되지 않는다. 시민의 참여와 협의, 공정한 감시가 필요하고, 기후위기의 가장 직접적인 영향을 받는 노동자, 지역사회, 청년, 여성 등 다양한 사회 구성원의 목소리가 기후 정책의 기획부터 실행에 이르기까지 전 과정에 반영되어야 한다.

'기후난민'이라는 주제와 제목의 책을 의뢰받고 고민을 많이 할 수밖에 없었다. '기후'와 '난민'이라는 각각의 주제도 고유의 학문 영역이 있고 어려운데, 부족한 역량으로 기후와 난민을 합친 주제로 책을 쓴다는 것은 불가능하다고 생각했기 때문이다. 그래도 부족하나마 이렇게 책을 쓸 수 있었던 것은 공부하고 글을 쓰는 일을 업으로 해왔고, 책을 써본 경험이 있었기 때문일 것이다. 궁극적으로는 보고서와 같았던 책을 읽을 수 있는 책으로 만들어준 출판사의 도움 때문에 가능했다.

당연하게도 이런 경험과 지식은 나만의 것이 아니다. 내가 일하고 공부했던 모든 시간과 공간, 사람들에게서 받아 온 것이다. 산호초와 소나무, 구상나무 이야기에는 녹색연합 활동가들의 현장 활동과 노력이 고스란히 담겨 있다. 기후위기와 기후 불평등 관점, 기후시민의회 등 시민참여 정책 관련 이야기는 에너지기후정책연구소의 오랜 연구가 바탕이 되었다. 또한 국내에서 기후소송 운동을 진행해온 환경시민단체들과 기후민주시민을 발굴하고 연구하고 있는 녹색전환연구소와 로컬에너지랩 덕분에 책을 마무리할 수 있었다. 이 밖에도 정부 부처와 연구기관, 언론 등에서 연구하고 일하고 있는 분들의 노력을 빌려 쓸 수 있었기에 한 권의 책이 될 수 있었다.

  유능한 권력자나 기업가의 경험, AI와 같은 기술도 그들만의 것이 아닐뿐더러 그것만으로 기후위기 문제를 해결할 수는 없다. 불평등한 기후위기 문제를 해결하고 세상을 바꾸기 위해서는 정치, 행정, 외교, 법무, 경제, 산업, 노동, 복지, 과학, 건축, 환경, 농업, 문화 등 모든 분야가 바뀌어야 한다. 바꿔 말하면 대통령, 국회의원, 공무원, 외교관, 변호사, 전문경영인, 노동자, 사회복지사, 과학자, 건축가, 환경운동가, 농부, 연예인 등 모든 구성원이 행동해야 한다. 이렇게 기후민주시민들의 다양한 기후행동 '들'이 모이고 이어진다면, 2030년에는 기후위기 대응의 희망적인 결산서를 받아볼 수 있을 것이다. 이 책이 기후행동 '들' 중 하나로 조금이나마 도움이 되기를 바란다.

● 주석

1장

1. WMO, 2025, State of the Global Climate 2024, Geneva, Switzerland.
2. 연합뉴스, 2025.03.19., 세계기상기구 "2024년 지표·바다·대기서 온난화 기록 속출".
3. WMO, 2025, State of the Global Climate 2024, Geneva, Switzerland.
4. 빙권은 얼어붙은 물을 일컫는 말로, 눈, (바다의) 얼음, 빙하, 영구 동토층 등을 포함한다.
5. 제타줄(Zetta Joule)에서 제타는 10의 21승이며 줄은 에너지 단위다.
6. 한겨레, 2021.01.14., '1초에 원자폭탄 4개' 폭발열 수준…바닷물 온도 사상 최고.
7. IPCC, 2021, Climate Change 2021: The Physical Science Basis, Contribution of Working Group I to the Sixth Assessment Report of the Intergovernmental Panel on Climate Change.
8. 해양 표층은 수심 100m까지의 바다층을 말한다.
9. 국립수산과학원, 2025, 해양수산분야 기후변화 영향 브리핑 북 2025.
10. 기상청 보도자료, 2024.12.26., 뜨거워지는 우리 바다, 21세기 말 해양기후 급격히 변한다.
11. 해양 폭염 또는 고수온 현상이라고 부르며, 해수의 수온이 극단적으로 높게 유지되는 현상을 의미한다. 기상청에 따른 정의는 2015~2024년 일평균 수온을 기준으로 상위 10% 고수온이 5일 이상 지속되는 현상이다.
12. 한준호·배동하·이건·서태동·김하나·이태우, 2024, 생태 시민을 위한 동물지리와 환경 이야기, 롤러코스터, 서울.
13. 경향신문, 2024.04.16., 열 받은 지구, 하얗게 질린 산호…네 번째 '전 지구적 백화현상' 관측.
14. 한겨레, 2025.04.24., 끓는 바다에…전 세계 산호 84%가 하얗게 죽어가고 있다.

15. 뉴스펭귄, 2025.03.06., 하얀 유령 된 산호초, 바다가 보내는 뜨거운 경고.
16. IPCC, 2021, Climate Change 2021: The Physical Science Basis, Contribution of Working Group I to the Sixth Assessment Report of the Intergovernmental Panel on Climate Change.
17. 수소이온지수는 0부터 14까지의 수치로 나타내는데, 수치가 낮을수록 산성이 강하고, 높을수록 염기성이 강하다. pH가 7에 가까우면 중성이다.
18. IPCC, 2019, IPCC Special Report on the Ocean and Cryosphere in a Changing Climate, Cambridge University Press, Cambridge, UK and New York, NY, USA.
19. 동아사이언스, 2024.08.31., 2100년엔 산성화된 바다로 바캉스 떠난다.
20. 김병권·남성현·우석영·이헌석·전병옥, 2023, 기후위기행동사전, 산현재, 서울.
21. 중앙일보, 2023.10.04., 〔창간기획-붉은 바다〕 '따뜻한 탄산수'가 돼버린 바다…산호초에 미친 충격적 결과.
22. 제주투데이, 2024.09.14., 30도 넘는 '열탕' 제주 바다, 녹아내리는 산호.
23. 해양시민과학센터 파란, 2024.03.13., 〔포럼〕 제주 연산호의 가치와 보전 방향.
24. 녹색연합 보도자료, 2021.09.15., 녹색연합, 국내 최초 제주 산호 안내서 〈ㅈㅈㅅㅎ〉 출간.
25. 고수온 주의보는 수온 28도 도달 또는 도달할 것으로 예측되는 해역에 발령한다.
26. 고수온 경보는 28도 이상으로 3일 이상 지속될 경우 발령한다.
27. 해양시민과학센터 파란, 2024, 2024년 여름 고수온으로 인한 제주 바다 산호충류 이상 현상.
28. 중앙일보, 2024.10.10., 흐물흐물 엿처럼 녹아내린 산호…비명 터진 제주 바다, 무슨 일.
29. 해양시민과학센터 파란, 2024.03.13., 〔포럼〕 제주 연산호의 가치와 보전 방향.
30. 녹색연합 보도자료, 2021.09.15., 녹색연합, 국내 최초 제주 산호 안내서 〈ㅈㅈㅅㅎ〉 출간.
31. 해양시민과학센터 파란, 2024, 2024년 여름 고수온으로 인한 제주 바다 산호충류 이상 현상.

2장

1. IPCC, 2023, Synthesis report of the IPCC sixth assessment report (AR6), Geneva, Intergovernmental Panel on Climate Change.
2. WMO, 2025, State of the Global Climate 2024. Geneva, Switzerland.
3. IPCC, 2023, Synthesis report of the IPCC sixth assessment report (AR6), Geneva, Intergovernmental Panel on Climate Change.
4. 해양수산부 보도자료, 2024.12.19., 우리나라 연안의 평균 해수면 지난 35년간 10.7㎝ 상승.
5. 해양수산부 보도자료, 2023.03.10., 신기후변화 시나리오 적용 우리나라 주변 해역 해수면, 2100년까지 최대 82㎝ 상승 전망.
6. 한겨레, 2023.03.15., Q.기후위기는 바다에 어떤 영향을 미쳐요?
7. 한겨레, 2024.09.09., 기후 재난은 영화처럼 한순간에 오지 않는다.
8. NASA, 2023, Assessment of Sea Level Rise and Associated Impacts for Tuvalu.
9. 프레시안, 2023.05.15., 기후변화 직격탄 맞은 투발루, 30년 만에 모래도 나무도 사라졌다.
10. 뉴스펭귄, 2023.06.28., 해수면 상승은 작은 섬나라를 어떻게 바꾸나.
11. 프레시안, 2023.05.15., 수십 년 내 수몰 위기 직면한 투발루, 땅이 없으면 만든다.
12. 한겨레, 2024.09.23., 투발루에 두 발로 선, 섬나라의 삶까지 잠길 위기.
13. 한겨레21, 2007.03.23., 뉴질랜드가 '모범 사례'?
14. 조선일보, 2023.12.28., 해수면 상승하는 투발루가 '전 국민 이주' 보장한 호주와의 조약에 와글와글한 까닭.
15. 연합뉴스, 2023.11.10., 호주, '가라앉는 섬나라' 투발루서 매년 기후난민 280명 받기로.
16. 뉴스펭귄, 2023.06.28., 해수면 상승은 작은 섬나라를 어떻게 바꾸나.
17. 프레시안, 2023.05.15., 수십 년 내 수몰 위기 직면한 투발루, 땅이 없으면 만든다.
18. 서울경제, 2020.06.05., [글로벌현장] 손잡고 함께 가야 할 남태평양 섬나라 키리바시.
19. 세계일보, 2017.10.23., [월드이슈] 바다에 잠겨도, 도로가 하나여도…"우

20. 한겨레, 2015.07.28., 해수면 올라 마을까지 덮치는 파도에 위협받는 일상.
21. 한국일보, 2023.01.25., 자다가 익사할까 걱정하며 잠드는 섬…"집에 바닷물이 들어와요".
22. 한겨레, 2015.07.21., "기후변화, 작은 섬나라들엔 생존 문제입니다".
23. 세계일보, 2017.10.23., 〔월드이슈〕 바다에 잠겨도, 도로가 하나여도…"우린 희망 잃지 않아요".
24. 한국일보, 2023.01.25., 자다가 익사할까 걱정하며 잠드는 섬…"집에 바닷물이 들어와요".
25. 중앙일보, 2021.04.12., 이대로면 나라가 사라질 판…산호 위 5만 도시 쌓은 몰디브.
26. 한국뉴스투데이, 2024.11.27., 〔환경:기후 재난〕 가라앉는 지구촌, 물에 잠기는 일상 ③ 몰디브.
27. BBC뉴스, 2019.08.27., 인도네시아: 자카르타에서 보르네오로…인도네시아가 수도를 옮기는 이유.
28. 연합뉴스, 2023.11.14., 자카르타 지반, 가라앉는 속도 느려져…"지하수 사용 통제 덕".
29. 국민일보, 2024.09.30., 자카르타는 1년 25㎝씩 침몰 중…2050년 절반 이상 잠긴다.
30. 조선일보, 2024.06.08., 인도네시아, 8월 수도 옮긴다…정글 한복판 '누산타라' 선택한 이유.
31. 연합뉴스, 2024.10.28., 인니 대통령 "2028년까지 새 수도 누산타라 완공".
32. 국민일보, 2024.09.30., 자카르타는 1년 25㎝씩 침몰 중…2050년 절반 이상 잠긴다.
33. Climate Central(https://picturing.climatecentral.org/)
34. 중앙일보, 2021.10.14., 기온 3도 오르면 버킹엄궁·두바이도 잠긴다.
35. 연합뉴스, 2023.02.15., 유엔총장 "런던·뉴욕 다 위험"…해수면 상승發 '기후난민' 경고.
36. 국민일보, 2023.04.26., 〔이슈&탐사〕 이대로면 서울 목동까지…2050년 바다에 잠긴다.
37. 동아사이언스, 2023.09.16., 목포 홍수·사라지는 백사장…해수면 상승 위협 현실화.

38. 만조는 조석 현상 때문에 발생하는데, 조석은 지구와 달, 태양 등의 위치에 따라 서로 끌어당기는 힘이 변하면서 해수면이 주기적으로 오르거나 내려가는 현상을 말한다. 이때 하루 중 해수면이 가장 높은 때를 만조, 반대로 해수면이 가장 낮은 때를 간조라고 한다.
39. 해양수산부 보도자료, 2023.03.10., 신기후변화 시나리오 적용 우리나라 주변 해역 해수면, 2100년까지 최대 82㎝ 상승 전망.
40. 한국일보, 2023.03.09., 80년 뒤 서해 연안 침수…"한국 주변 해수면 최대 82㎝ 상승".
41. 송교욱·이창헌, 2015, 부산 연안역의 기후변화 적응방안, 부산발전연구원.

3장

1. 한국일보, 2015.06.26., 수몰 위기 키리바시 이주민 "기후난민 인정하라" 뉴질랜드서 전례 없는 소송.
2. 곽신재, 2022, '환경 이주민' 보호에 관한 국제법적 논의: 개념정의 및 제도 설정을 중심으로, 공익과 인권, 22, 47-96.
3. Independent Australia, 2013.11.29, Kiritabi and the Coming Climate Refugee Crisis.
4. 김선희, 2022, 기후난민의 인권 보호-강제송환금지원칙을 중심으로, 세계헌법연구, 28(2), 127-156.
5. 자유권규약 제6조 1. 모든 인간은 고유한 생명권을 가진다. 이 권리는 법률에 의하여 보호된다. 어느 누구도 자의적으로 자신의 생명을 박탈당하지 아니한다.(후략)
6. 유엔자유권규약위원회는 172개국이 가입한 자유권 규약(ICCPR)에 따라 설립되었다. 동 위원회는 18명의 전문위원들로 구성되었다. 자유권규약 추가 의정서에 가입한 국가 국민들은 개인진정을 제기할 수 있다.
7. 김선희, 2022, 기후난민의 인권 보호-강제송환금지원칙을 중심으로, 세계헌법연구, 28(2), 127-156.
8. United Nations Human Rights Committee, 2020, Views Adopted by the Committee under Article 5 (4) of the Optional Protocol, Concerning Communication No. 2728/2016, CCPR/C/127/D/2728/2016.

9. 곽신재, 2022, '환경 이주민' 보호에 관한 국제법적 논의: 개념정의 및 제도설정을 중심으로, 공익과 인권, 22, 47-96.
10. El-Hinnawi, E., 1985, Environmental Refugees, United Nations Environment Programme, Nairobi.
11. 곽신재, 2022, '환경 이주민' 보호에 관한 국제법적 논의: 개념정의 및 제도설정을 중심으로, 공익과 인권, 22, 47-96.
12. Richard Black, 2011, Environmental Refugees: Myth or Reality? New Issues in Refugee Research, UNHCR Working Paper no. 34.
13. Hartmann, B., 2010, Rethinking Climate Refugees and Climate Conflict: Rhetoric, Reality and the Politics of Policy Discourse, Journal of International Development, 22(2), 233-246.
14. 박경환·이재열, 2023, 기후-이주연계에 관한 비판적 고찰: 기후난민, 적응전략으로서의 기후 이주, 그리고 기후 모빌리티까지, 한국지역지리학회지, 29(4), 428-447.
15. Kothari, U., 2014, Political Discourses of Climate Change and Migration: Resettlement Policies in the Maldives, The Geographical Journal, 180(2), 130-140.
16. Burzyński, M., Docquier, F., and Scheewel, H., 2021, The Geographic of Climate Migration, Journal of Demographic Economics, 87, 345-381.
17. 박경환·이재열, 2023, 기후-이주연계에 관한 비판적 고찰: 기후난민, 적응전략으로서의 기후 이주, 그리고 기후 모빌리티까지, 한국지역지리학회지, 29(4), 428-447.
18. 백상미, 2022, 해수면 상승과 인권: 소실영토 거주민의 인권보호와 실향 문제를 중심으로, 서울국제법연구, 29(2), 31-69.
19. 유엔난민기구, 2024.01.28., [기후위기에 유엔난민기구가 답하다] "기후변화에 가장 취약한 지역은 어디인가요?" 기후변화와 강제 실향 Q&A.
20. UNHCR, 2020, Legal considerations regarding claims for international protection made in the context of the adverse effects of climate change and disasters, Geneva, Switzerland.
21. UNHCR, 2022, Climate Change, Displacement and Human Rights, Geneva, Switzerland.
22. UNHCR, 2020, Legal considerations regarding claims for international

protection made in the context of the adverse effects of climate change and disasters, Geneva, Switzerland.
23. 곽신재, 2022, '환경 이주민' 보호에 관한 국제법적 논의: 개념정의 및 제도설정을 중심으로, 공익과 인권, 22, 47-96.
24. 곽신재, 2022, '환경 이주민' 보호에 관한 국제법적 논의: 개념정의 및 제도설정을 중심으로, 공익과 인권, 22, 47-96.
25. UNHCR, 2024, No Escape: On the frontlines of Climate Change, Conflict and Forced Displacement, Geneva, Switzerland.
26. IDMC, 2025, Global Report on Internal Displacement, , Geneva, Switzerland.

4장

1. 기상청, 2023, 지역 기후변화 전망보고서 개정판(2023).
2. 질병관리청, 2025, 2024년 폭염으로 인한 온열질환 신고 현황 연보.
3. 행정안전부, 2025, 2023 재해연보.
4. 국립재난안전연구원, 2023, 폭염재난관리 환경 변화를 고려한 상황 판단 지원 체계 개선.
5. 나예지·이승수, 2022, 폭염 시기 온열질환 사망자 정보 체계의 비교 분석, 건설기술 논문집, 41(1), 33-39.
6. 기상청, 2024, 2024 폭염백서.
7. 세계일보, 2024.08.21., [심층기획-기후변화, 우리 삶을 바꾼다] 온열질환자 집계 "반쪽짜리 통계" 지적.
8. 연합뉴스, 2024.08.13., "작년 유럽 고온 사망자 4만7천여 명…10년 來 두 번째로 많아".
9. 세계일보, 2024.06.24., '폭염 사망' 韓 32명 vs 日 1,528명…자연환경 비슷한데 왜?
10. 박종철·채여라, 2020, 2018년 폭염으로 인한 온열질환자와 초과 사망자 분석, 대한지리학회지, 55(4), 391-408.
11. 권호장·김록호·김호·명수정·명형남·손연아·신동천·정해관·채수미·하미나·홍윤철, 2024, 기후변화와 건강, 한울아카데미, 경기.
12. 세계일보, 2024.08.21., [심층기획-기후변화, 우리 삶을 바꾼다] 온열질환

자 집계 "반쪽짜리 통계" 지적.
13. 강병익·채은동·이진수·김진환·문다슬·권승문, 2024, 2024 민주연구원 불평등 보고서, 민주연구원.

5장

1. 채수미·최지희·최소영·황남희·우경숙·정휘철, 2020, 폭염 민감 계층의 건강 피해 최소화 방안, 한국보건사회연구원.
2. 뉴스1, 2023.09.20., 폭염 사망자 32명 중 14명 논밭에서 쓰러졌다…26명은 60세 이상.
3. 연합뉴스, 2024.06.30., '폭염 속 노동'에 6년간 온열질환 산재 147건·사망사고 22건.
4. 머니S, 2024.08.07., 건설노동자 '10명 중 8명', 폭염 경보 울려도 일했다.
5. 경향신문, 2024.08.17., 어쩐지 덥더라…여름철 도시 기온 가장 높은 곳은 버스정류장.
6. 경향신문, 2024.06.28., 서울 폭염일수 '7360%' 증가…전 세계 도시 중 최악.
7. 기상청, 2024, 2024 폭염백서.
8. 경향신문, 2021.10.28., 서울 강남과 강북 '폭염도 불평등'.
9. 환경정의, 2021.10.28., [폭염 불평등 리포트] ① 폭염의 집에 갇힌 사람들, 공기는 지독하게 뜨거워지고 있지만 그들의 방어막은 너무 얇다.
10. KBS, [폭염격차] ① 쪽방촌 표면온도 '30도 더 뜨거웠다'.
11. 뉴스토마토, 2024.06.14., [쪽방촌 여름나기] ② (단독) 쪽방촌 온도지도 그려보니…주변보다 실내온도 3.7도 높아.
12. 한겨레, 2024.08.26., 기후재난의 원인은 '이상기후'가 아니다.

6장

1. 관계부처합동, 2021, 2020년 이상기후 보고서.
2. 경향신문, 2020.08.09., "이 비의 이름은 장마가 아니라 기후위기입니다".
3. 경향신문, 2021.01.29., 2020년, 긴 장마·집중호우에 피해 약 1조2,000억 원…"기후변화 심각".

4. 기상청, 2022, 장마백서 2022.
5. 관계부처합동, 2024, 2023년 이상기후 보고서.
6. BBC, 2024.07.20., 시간당 100㎜ 극한 호우, 이제 일상이 되나.
7. 관계부처합동, 2025, 2024년 이상기후 보고서.
8. 조선일보, 2024.07.06., 예측 못 하는 'n차 폭우' 빈발…우리가 알던 장마가 아니다.
9. 중앙일보, 2022.09.01., "지옥 열렸다"…아시아 유례없이 초토화시킨 '괴물 몬순' 정체.
10. 기상청, 2022, 장마백서 2022.
11. 연합뉴스, 2024.06.18., 어김없이 찾아온 장마…기후변화에 양상 점점 예측 불가.
12. 조선일보, 2024.07.06., 예측 못 하는 'n차 폭우' 빈발…우리가 알던 장마가 아니다.
13. 한겨레, 2024.07.09., '기습폭우' 장마철 뉴노멀 되나…올해만 벌써 9차례 집중호우.
14. 경향신문, 2025.04.24., 한반도 해역 수온, 지구 평균보다 2배 상승…수산생태계·자원 악화 뚜렷.
15. 권예은·박찬일·백승윤·손석우·김진원·차은정, 대기의 강이 한반도 지역별 강수에 미치는 영향, 대기, 32(2), 135-148.
16. MBC, 2023.07.16., 끝없이 밀려오는 수증기‥'대기의 강' 열렸다.
17. 한겨레, 2022.10.30., 폭우가 내릴 때 하늘에는 '대기의 강'이 흐른다.

7장

1. 세계일보, 2022.08.28., 〔심층기획-서울 반지하 지우기 '허와 실'〕 주택난에 방공호를 셋방으로…대한민국 반지하의 역사는.
2. 한겨레, 2022.08.19., 70년대 방공호·80년대 양성화…"반지하 없애면 어디로 가라고".
3. 시사인, 2024.07.24., "최소한 집이 위험해서 죽거나 다치면 안 된다".
4. 신상영·김성은·남현정·김상균, 2023, 서울시 반지하주택 유형과 침수 위험 해소 방안, 서울연구원.
5. 경향신문, 2024.11.11., 내년 공공주택 예산 대폭 삭감…서민 주거 지원 줄

6. 시사인, 2024.07.24., "최소한 집이 위험해서 죽거나 다치면 안 된다".
7. 재난불평등공동행동 보도자료, 2024.08.05., 반지하 폭우 참사 2주기, 불평등이 재난이다.
8. 한국도시연구소, 2022, 생명권과 건강권을 위협받고 있는 지옥고 실태와 대응 방안.
9. 한겨레, 2022.08.18., 반지하 나와 고시원…현 주거 급여로 갈 곳은 '지옥고'뿐.
10. 한겨레, 2022.08.18., 폭우 때 그 사투 겪고도…10평 곰팡이집이 '최선'이었다.
11. 한겨레, 2022.08.18., 현기씨의 반지하 집엔 선풍기·제습기 24시간 돌아간다.
12. 송민경, 2020.12.30., 최저주거기준의 내용과 개선 과제, 이슈와 논점, 제1783호, 국회입법조사처.
13. 국립재난안전연구원, 2024, 2024년도 재난피해 회복수준실태조사 결과 보고서.
14. 국가인권위원회, 2023, 기후위기와 주거권에 관한 실태조사.
15. IPCC, 2021, Climate Change 2021: The Physical Science Basis, Contribution of Working Group I to the Sixth Assessment Report of the Intergovernmental Panel on Climate Change.
16. 경제적·사회적 및 문화적 권리에 관한 국제규약(International Covenant on Economic, Social and Cultural Rights, ICESCR)은 1966년 12월 16일 유엔 총회에서 채택된 다자간 조약으로, '사회권규약' 또는 'A규약'이라고도 하며 대한민국에서는 1990년부터 발효되었다. 헌법상 사회권적 기본권에 해당되는 권리들이 대부분 사회권 규약에 포함되었으며, 세부적으로는 노동권, 사회보장권, 신체적·정신적 건강을 향유할 권리, 교육받을 권리, 문화생활을 향유할 권리를 명시했다.
17. United Nations Human Rights, 2022, Towards a just transformation: climate crisis and the right to housing.
18. 국가인권위원회, 2023, 기후위기와 주거권에 관한 실태조사.

8장

1. 한국갤럽, 2024.05.08., 한국인이 좋아하는 50가지(일상·자연편) 숫자/월/요일/계절/꽃/나무/산(2004-2024).
2. 경향신문, 2022.08.10., 우리 국민이 좋아하는 나무 1위는 소나무…2위는?
3. 환경일보, 2024.07.25., (기고) 한국인은 왜 소나무를 좋아하는가?
4. 중앙일보, 2023.04.04., "산불 키운다? 소나무가 무슨 죄냐…침엽수, 미세먼지 줄인다".
5. 경향신문, 2025.04.02., 소나무를 위한 변명.
6. 노성룡·배재수, 2020, 조선 후기 송정(松政)의 전개 과정과 특성: 국방 문제를 중심으로, 아세아연구, 63(3), 39-78.
7. 노성룡, 2020, (생태환경사를 말한다 ⑥) 조선 후기 산림과 송정(松政) ①, 통권 12호, 웹진 '역사랑'.
8. 노성룡, 2021, (생태환경사를 말한다 ⑦) 조선 후기 산림과 송정(松政) ②, 통권 13호, 웹진 '역사랑'.
9. 임목축적은 일정 면적의 산림에 있는 나무의 부피로, 산림의 울창한 정도를 나타낸다.
10. 김의경, 2003, 산림녹화의 전개 과정, 한국농촌경제연구원 연구보고, 499-515.
11. 행정안전부 국가기록원, 산림녹화(https://theme.archives.go.kr/next/forest/viewMain.do).
12. 중앙일보, 2019.08.26. (강찬수의 에코 파일) "산림녹화 세계적 성공 사례"…국민 1인당 249만 원 혜택.
13. 한국일보, 2022.05.14., '연료의 혁명' 연탄, 대량의 도시 쓰레기를 쏟아내다.
14. 황폐 야계는 산지의 계곡이나 계간에 위치한 황폐지를 말한다.
15. 경향신문, 2014.01.17., (23) 연탄 파동과 에너지 정책.
16. 세계일보, 2025.03.39., 산불 연료 된 소나무…왜 우리나라에는 침엽수가 많을까.
17. 중앙일보, 2023.04.04., "산불 키운다? 소나무가 무슨 죄냐…침엽수, 미세먼지 줄인다".
18. 산림청, 2021, 2020년 산림기본통계.

19. 산림청, 산림임업통계연보 각 연도.
20. 경향신문, 2023.05.21., 우리 국민이 가장 좋아하는 나무…2위는 단풍나무, 1위는?
21. 연합뉴스, 2025.03.30., 중대본 "경북·경남 산불 주불 모두 진화…역대 최대 피해".
22. 산림청 보도자료, 2025.04.18., 경북·경남·울산 산불 피해 규모 잠정 104천ha, 산림청 복구에 최선.
23. 국립산림과학원, 2025, 2025년 산불 제대로 알기.
24. 산림청, 2024, 2024 산림임업통계연보.
25. 산림청 보도설명자료, 2025.04.04., 경북 5개 지역(의성, 안동, 청송, 영양, 영덕)에 소나무를 심은 비율은 2%에 불과하며, 98%는 자연적으로 자라난 소나무입니다.
26. 경향신문, 2025.03.31., 역대 최악 산불 피해…전문가들 "생태계 복구까진 100년 이상 걸릴 것".
27. 국립산림과학원, 2025, 2025년 산불 제대로 알기.
28. 한겨레, 2025.04.02., 불에 취약한 소나무 비중 낮추자는데…소나무 탄 곳에 또 소나무 심어.
29. 산림청 보도자료, 2023.05.08., 산불 피해지 복원, 과학적 진단과 통합적 의사결정으로 산림의 회복력 높인다.
30. 김동현·강영호·김광일, 역사 문헌 고찰을 통한 조선시대 산불 특성 분석, 한국화재소방학회 논문지, 25(4), 8-21.
31. 한겨레, 2022.04.11., 산불의 원인이라니, 소나무는 억울하다.

9장

1. 사이언스타임즈, 대형산불 나면 생태계 회복에 100년 걸린다?
2. 고사목은 병이나 산불, 노화 등으로 인해 나무가 서 있는 상태에서 말라 죽은 나무를 말한다.
3. 중앙일보, 2023.01.07., 산불 땐 이 곤충 31배 폭증한다…재선충 부르는 치명적 생태계.
4. 훈증은 피해목을 벌채 집재한 후 재선충과 이를 매개하는 솔수염하늘소 등 매개충의 유충을 죽이는 효과가 인정된 농약을 넣은 후 비닐로 밀봉하는 방법

이다.
5. 산림청 보도자료, 2020.04.21., 소나무재선충병 매개충, 산불피해지에서 서식 밀도 증가.
6. 산림청 보도자료, 2024.01.30., 소나무재선충병, 과학적 방제와 집약적 관리로 피해 저감에 최선.
7. 제주의소리, 2015.01.05., 재선충 습격 110년, 소나무 무덤이 된 일본.
8. 산림청, 산림임업통계연보 각 연도.
9. 경향신문, 2024.02.26., '소나무재선충병' 3차 대확산?… '죽음의 단풍' 든 소나무 절멸 위기.
10. KBS뉴스, 2024.12.06., "우리나라 소나무 멸종 위기"…1조 6천억 쓰고도 붉은소나무 [창].
11. 동아일보, 2024.02.26., [단독] '소나무 암' 재선충병 2년새 3배로.
12. 산림청 보도자료, 2024.01.30., 소나무재선충병, 과학적 방제와 집약적 관리로 피해 저감에 최선.
13. 산림청 보도자료, 2024.01.30., 소나무재선충병, 과학적 방제와 집약적 관리로 피해 저감에 최선.
14. 국립산림과학원, 2024, 정책결정자를 위한 제1차 산림·임업분야 기후변화 영향평가 종합보고서 요약본.
15. 중앙일보, 2023.01.07., 산불땐 이 곤충 31배 폭증한다…재선충 부르는 치명적 생태계.
16. 녹색연합 보도자료, 2024.04.05., 소나무재선충병 극심 확산 지역 현장 보고서.
17. 한겨레, 2025.01.31., [현장] 작년 역대급 무더위에… "600살 대왕소나무 사실상 고사".
18. 국립공원연구원, 2023, 국립공원 소나무 고사 실태 조사 연구.
19. 녹색연합, 2019, 기후변화와 한반도생태계.
20. 경향신문, 2021.10.19., 고산지역 침엽수종 멸종위기 가속.
21. 산림청 보도자료, 2021.10.19., 구상나무 등 한국 고유 침엽수종, 멸종위기에서 구해낸다.
22. 녹색연합, 2023.04.01., [카드뉴스] 멸종위기종의 날, 다가올 구상나무의 미래는?
23. 경향신문, 2024.09.19., '멸종위기' 한라산 구상나무 숲, 100년 동안 절반

사라졌다.
24. 한겨레, 2023.12.24., 멸종위기 구상나무, 씨앗부터 묘목까지 '애지중지'.
25. 녹색연합 보도자료, 2022.08.25., 지리산 구상나무 집단 고사 지도 작성, 기후위기로 인한 집단고사 가속화 확인 돼.
26. 한겨레, 2023.12.24., 멸종위기 구상나무, 씨앗부터 묘목까지 '애지중지'.
27. 녹색연합, 2023.04.01., [카드뉴스] 멸종위기종의 날, 다가올 구상나무의 미래는?

10장

1. 국립산림과학원, 2025, 2025년 산불 제대로 알기.
2. 경향신문, 2021.05.06., '아까시나무 꽃 피면 산불이 끝난다'는 데 5월 산불 급증…왜?
3. 산림청, 2025, 2024년 산불통계 연보.
4. 경향신문, 2025.03.10., 연간 204일이 산불…주 원인은 '기후변화'.
5. 국립산림과학원, 2025, 2025년 산불 제대로 알기.
6. 세계일보, 2025.03.25., [오늘의시선] 기후변화 대응이 곧 산불 예방책.
7. 한겨레, 2025.04.02., 산불 불쏘시개 된 가뭄·강풍… '기후변화 멈추라'는 경고였다.
8. 동아일보, 2025.04.01., [데스크가 만난 사람] "의성 산청 산불 위험도 평년의 4배…기후변화로 한반도 전역 위험권".
9. 한겨레, 2025.03.30., [김백민의 해법 기후] 최악의 괴물 산불, 우연이 아니다.
10. 경향신문, 2025.04.02., 3월 역대 최고 기온·최강 바람에 가장 늦은 대설 특보…처음 겪는 이상기후, 산불 키웠다.
11. 한겨레, 2025.04.02., 산불 불쏘시개 된 가뭄·강풍… '기후변화 멈추라'는 경고였다.
12. 한겨레, 2025.03.27., 초속 25m '태풍급 골바람'…사방팔방서 불었다.
13. 국립산림과학원, 2025, 2025년 산불 제대로 알기.
14. JTBC, 2025.04.07., [박상욱의 기후 1.5] 산불에 취약해지고 있는 한반도.
15. 중앙일보, 2025.03.24., LA·일본·그리스도 대형산불…"기후변화로 올해도 지구촌 산불 계속".

16. 산림청 보도자료, 2025.03.07., 일본 대형산불, 기후변화와 밀접한 것으로 분석.
17. 한겨레, 2022.08.30., '오존 구멍' 낸 2020년 호주 산불…오존층 보호 30년 공든 탑 무너질라.
18. 연합뉴스, 2024.08.21., "작년 캐나다 산불 피해면적 1천500만ha…온난화가 피해 키워".
19. 한겨레, 2024.03.05., 서울 면적 7배 타버린 텍사스…재앙적 산불이 늘고 있다.
20. 국립산림과학원, 2025, 2025년 산불 제대로 알기.
21. 산림청, 2024, 2023 봄철 전국동시다발 산불백서.
22. UNEP, 2022, Spreading like Wildfire-The Rising Threat of Extraordinary Landscape Fires. A UNEP Rapid Response Assessment. Nairobi.
23. 국립산림과학원, 2023, 제1차 산림·임업 분야 기후변화 영향평가 종합보고서.
24. 산림청, 2025, 2024년 산불통계 연보.
25. 국립산림과학원, 2025, 2025년 산불 제대로 알기.
26. 한겨레, 2025.04.02., 매년 산불 덩치 커지는데…진화대 95%는 비전문 인력인 현실.
27. 한겨레21, 2025.03.29., 비숙련·계약직 6070 진화 현장에 던져졌다.
28. 경향신문, 2025.03.26., 재난에 취약한 노인, 이번에도 대형산불의 희생양 됐다.
29. 국가인권위원회, 2023, 기후위기와 주거권에 관한 실태조사.
30. 경향신문, 2025.04.06., '원거리 임시주택'에 두 번 우는 산불 이재민.
31. ESG경제, 2025.03.23., [강찬수 칼럼] 지구온난화로 '화약고'가 된 한반도 산림…대책은?

11장

1. IPCC, 2018, Global warming of 1.5도, Geneva, Switzerland.
2. IPCC, 2023, Synthesis report of the IPCC sixth assessment report (AR6), Geneva, Intergovernmental Panel on Climate Change.
3. 최빈국(LDCs)은 유엔 경제사회이사회(UN ECOSOC)에서 세 가지 기준을

충족하는 것으로 지정한 국가 목록은 44개국(2024년 12월 기준)으로, 그 기준은 ① 미화 750달러에서 미화 900달러 사이의 1인당 국민총소득의 일정 기준 미만의 저소득 기준, ② 건강, 교육, 성인 문해력 지표에 기반한 인적 자원의 취약성, ③ 농업 생산의 불안 정성, 상품 및 서비스 수출의 불안정성, 비전통적 활동의 경제적 중요성, 상품 수출 집 및 경제적 소규모의 핸디캡에 대한 지표를 기반으로 한 경제성이 해당된다. 이 범주에 속하는 국가는 유엔기후변화협약 조항에 따른 특정 혜택을 받을 자격이 있다.

4. CarbonBrief, 2023.11.26., Revealed: How colonial rule radically shifts historical responsibility for climate change.
5. 경향신문, 2023.11.27., 식민지 수탈 고려하면 영국 누적 배출량 2배…"식민지배 열강들 기후책임 늘려야".
6. IPCC, 2023, Synthesis report of the IPCC sixth assessment report (AR6), Geneva, Intergovernmental Panel on Climate Change.
7. 현대 에너지 서비스의 접근은 요리 및 난방, 조명, 통신 및 생산적인 용도를 위한 청정하고 신뢰할 수 있으며 비용이 저렴한 에너지 서비스를 의미한다.
8. 군소도서개발국(SIDS)은 UN OHRLLS(최빈국, 내륙 개발도상국 및 군소도서개도 국을 위한 UN 고위대표 사무소)에서 인정한 국가 목록(52개국)으로, 특정한 사회적·경제적·환경적 취약성에 직면한 별개의 개발도상국 그룹이다. 이들은 1992년 브라질 리우 지구정상회담에서 환경과 개발 측면에서 모두 특별한 사례로 인정받았다.
9. 세계기후위험지수는 최근 20년 사이 기후변화로 인한 인적·물적 피해 규모를 토대로 추산된다. 기후변화로 인한 총 사망자 수, 인구 10만 명당 사망자 수, 총 피해 금액, 국내총생산(GDP) 대비 피해 금액의 비중 등 네 가지 지표를 바탕으로 추산되며, 수치가 낮을수록 기후변화에 더 취약하다는 것을 의미한다.
10. Germanwatch, 2025, Climate Risk Index 2025-Who suffers most from extreme weather event?
11. 경향신문, 2022.10.25., COP27의 주요 의제 '손실과 피해 배상'은 어떻게 30년 동안 '뒷전'이 되었나.
12. 연합뉴스, 2022.11.21., COP27서 합의된 손실·피해 기금은 '보상' 아닌 '대응' …이유는.
13. 한겨레, 2023.12.07., 기후변화총회 첫날 개도국 위한 '손실과 피해 기금'

최종 합의.
14. 한겨레, 2023.12.07., '손실과 피해 기금' 1조원 모였지만…"필요 금액의 0.2%".
15. 한겨레, 2024.11.15., 유엔기후협약 당사국총회서 "기후 재원 연 최대 6.7 조달러 필요".
16. 한겨레, 2024.11.25., '5천억 달러' 청구서 외면한 선진국들…내년도 기후총회서 '전환' 이룰까.
17. 한겨레, 2024.11.12., 선진국이 내던 '기후 재원'…한국, 신규 부담국가로 4번째 꼽혀.
18. 박년배, 2022, 세계 탄소중립 시나리오와 주요국 탄소중립 목표 수립 동향, 행정포커스 155호, 한국행정연구원.
19. https://zerotracker.net/
20. 관계부처합동, 2023, 탄소중립 녹색성장 국가전략 및 제1차 국가 기본계획.
21. UNEP, 2020, Emissions Gap Report 2020.
22. UNEP, 2021, Emissions Gap Report 2021.
23. UNEP, 2022, Emissions Gap Report 2022.
24. 에너지경제연구원, 2024, 2024 에너지통계연보.
25. 관계부처합동, 2023, 탄소중립 녹색성장 국가전략 및 제1차 국가 기본계획.
26. 한국에너지공단, 2023, 2022년 신·재생에너지 보급통계.
27. 관계부처합동, 2023, 탄소중립 녹색성장 국가전략 및 제1차 국가 기본계획.
28. Land Use-Land Use Change and Forestry의 약자인 LULUCF는 기후변화협약 상의 토지 이용, 토지 이용 변화 및 임업을 뜻하며, 인간의 토지 이용에 따라 변화되는 온실가스의 증감을 의미한다. 온실가스 총배출량에서 LULUCF의 증감에 따라 온실가스 순배출량이 결정된다.
29. Burck, Jan et al., 2024. Climate Change Performance Index 2025, German Watch · NewClimate Institute · Climate Action Network International.
30. 기후솔루션 보도자료, 2024.11.21., 2025년 기후변화대응지수(CCPI) 발표, 한국 비산유국 가운데 꼴찌.
31. 경향신문, 2024.11.19., '기후악당 1위'에 한국…"화석연료에 계속 공적자금, 시대 역행".
32. Chancel, L., Bothe, P., Voituriez, T., 2023, Climate Inequality Report

2023, World Inequality Lab Study 2023.
33. Chancel, L., Bothe, P., Voituriez, T., 2023, Climate Inequality Report 2023, World Inequality Lab Study 2023.
34. IPCC, 2023, Synthesis report of the IPCC sixth assessment report (AR6), Geneva, Intergovernmental Panel on Climate Change.
35. Oxfam, 2023, Climate Equality: A Planet for the 99%.
36. IEA 홈페이지.
37. 한겨레, 2025.04.15., '탄소 배출 최상위권' 한국에서도 쪽방촌 주민은 평균의 '3분의 1'.

12장

1. Zheng, H., Long, Y., Wood, R. et al., 2022, Ageing society in developed countries challenges carbon mitigation. Nat. Clim. Chang, 12, 241-248.
2. Hausfather, Zeke., 2019, "Analysis: Why children must emit eight times less CO2 than their grandparents", CarbonBrief (April).
3. Thiery, W., et al., 2021, Intergenerational Inequities in Exposure to Climate Extremes. Science, 374(6564), 158-160.
4. 고재경 외, 2024, 경기도 기후격차 실태조사 연구, 경기연구원.
5. Setzer J and Higham C, 2024, Global Trends in Climate Change Litigation: 2024 Snapshot, London: Grantham Research Institute on Climate Change and the Environment and Centre for Climate Change Economics and Policy, London School of Economics and Political Science.
6. 경향신문, 2024.08.30., 미래세대 손들어 준 헌재…해외 기후 소송 결과는? "국가·기업 책임 인정".
7. 고재경 외, 2024, 경기도 기후격차 실태조사 연구, 경기연구원.
8. 연합뉴스, 2024.08.29., '미래세대 기본권' 다룬 아시아 첫 기후 소송…일부 인정 결실.
9. 시사인, 2022.01.10., 2022 대한민국 기후위기 보고서를 공개합니다.
10. 기후정치바람 보도자료, 2025.05.07., 한국 사회 기후민주시민 36.0% 달해… "2030 기후정부? 시민은 준비돼 있다!"
11. 강명원, 2022, 기후위기 대응을 위한 시민의 직접참여권-프랑스의 기후시

민의회(CCC)를 중심으로, 유럽헌법연구, 40, 315-340.
12. 경향신문, 2021.05.08., 탄소중립위? 기후시민의회!
13. 이지문, 2022.03.18., 기후시민의회는 어떻게 조직되어야 하는가? 생태적 지혜.
14. 권오현, 2023.03.10., 탄소중립, 국민 참여 필수적인 이유… '보통 국민'의 견 들어야, 오마이뉴스.
15. 녹색연합 의견서, 2023.03.13., 제1차 국가 탄소중립 녹색성장 기본계획 관련 녹색연합의 입장과 요구.
16. 한겨레, 2023.03.30., "이해당사자 뺀 탄소중립계획 '보이콧'"…시민단체 토론회 '반쪽' 진행.
17. 녹색연합 보도자료, 2024.10.07., 임기 완료 앞둔 1기 탄소중립녹색성장위원회, 지난 2년간의 부실 운영.
18. 김선화·오창룡, 2023, 시민참여 공론화 해외사례와 시사점, NARS 현안 분석, 제293호, 국회입법조사처.
19. 강명원, 2022, 기후위기 대응을 위한 시민의 직접참여권-프랑스의 기후시민의회(CCC)를 중심으로, 유럽헌법연구, 40, 315-340.
20. 김선화·오창룡, 2023, 시민참여 공론화 해외사례와 시사점, NARS 현안 분석, 제293호, 국회입법조사처.
21. 경향신문, 2021.05.08., 탄소중립위? 기후시민의회!

● 참고문헌

국내 단행본

가이아 빈스, 김명주 역, 2023, 인류세, 엑소더스, 곰출판.
공우석, 2020, 지구와 공생하는 사람 생태, 이다북스.
공우석, 2021, 숲이 사라질 때, 이다북스.
공우석, 2024, 기후변화 충격, 청아출판사.
권승문, 2025, 어쩌다 기후 악당, 생각학교.
권승문·김세영, 2022, 오늘부터 시작하는 탄소중립, 휴머니스트.
권호장·김록호·김호·명수정·명형남·손연아·신동천·정해관·채수미·하미나·홍윤철, 2024, 기후변화와 건강, 한울아카데미.
김병권·남성현·우석영·이헌석·전병옥, 2023, 기후위기행동사전, 산현재.
김현우, 2014, 정의로운 전환, 나름북스.
데이비드 월러스 웰즈, 김재경 역, 2020, 2050 거주불능 지구, 청림출판.
로리 파슨스, 추선영 역, 2024, 재앙의 지리학, 오월의봄.
박선우, 2024, 인간의 역사와 문명 기후난민 문제와 국제적 대응 방안, 루미너리북스.
박정재, 2024, 한국인의 기원, 바다출판사.
벤야민 폰 브라켈, 조연주 역, 2022, 피난하는 자연, 양철북.
샘 밀러, 최정숙 역, 2023, 이주하는 인류, 미래의창.
송병건, 2022, 재난 인류, 위즈덤하우스.
신범식·김대현·박정재·주병기, 2022, 기후변화와 사회변동, 사회평론아카데미.
앤드로 볼드윈·조반니 베티니, 최지연 역, 2024, 표류하는 삶, 앨피.
윤재호, 2025, 사회과학의 지평-기후난민 발생 대응과 국제법 정비, 루미너리북스.
조효제, 2020, 탄소사회의 종말, 21세기북스.
클라이브 폰팅, 이진아·김정민 역, 2019, 클라이브 폰팅의 녹색 세계사, 민음

사.
파라그 카나, 박홍경 역, 2022, 대이동의 시대, 한올앤앤씨.
한재각, 2021, 기후정의, 한티재.
한준호·배동하·이건·서태동·김하나·이태우, 2024, 생태시민을 위한 동물지리와 환경 이야기, 롤러코스터.
헤인 데 하스, 김희주 역, 2024, 이주, 국가를 선택하는 사람들, 세종서적.

국내 연구보고서

강병익·채은동·이진수·김진환·문다슬·권승문, 2024, 2024 민주연구원 불평등 보고서, 민주연구원.
고재경 외, 2024, 경기도 기후 격차 실태조사 연구, 경기연구원.
관계부처합동, 2021, 2020년 이상기후 보고서.
관계부처합동, 2022, 2021년 이상기후 보고서.
관계부처합동, 2023, 2022년 이상기후 보고서.
관계부처합동, 2023, 탄소중립 녹색성장 국가전략 및 제1차 국가 기본계획.
관계부처합동, 2024, 2023년 이상기후 보고서.
관계부처합동, 2025, 2024년 이상기후 보고서.
국가인권위원회, 2023, 기후위기와 주거권에 관한 실태조사.
국립공원연구원, 2023, 국립공원 소나무 고사 실태 조사 연구.
국립기상과학원, 2022, 남한 상세 기후변화 전망보고서.
국립산림과학원, 2014, 기후변화에 따른 주요 수종의 적지 분포 변화 예측.
국립산림과학원, 2015, 기후변화에 따른 산림생태계 영향평가 및 적응 연구(2009-2014).
국립산림과학원, 2018, 기후변화에 따른 산림생태계 영향평가 및 적응 연구(II)(2015-2017).
국립산림과학원, 2019, 전국 멸종위기 고산 침엽수림 현황과 보전 방안.
국립산림과학원, 2023, 제1차 산림·임업 분야 기후변화 영향평가 종합보고서.
국립산림과학원, 2024, 정책결정자를 위한 제1차 산림·임업 분야 기후변화 영향평가 종합보고서 요약본.
국립산림과학원, 2025, 2025년 산불 제대로 알기.

국립수산과학원, 2025, 해양수산 분야 기후변화 영향 브리핑 북 2025.
국립재난안전연구원, 2023, 폭염재난관리 환경변화를 고려한 상황판단 지원 체계 개선.
국립재난안전연구원, 2024, 2024년도 재난피해 회복수준실태조사 결과 보고서.
국립재난안전연구원, 2024, 폭염재난 상황관리 지원을 위한 국내 폭염 지수 개발.
국회도서관, 2025, 데이터로 보는 기후변화와 우리의 일상.
권승문, 2024, 에너지 기본서비스 개념 수립 및 모델 설계를 위한 정책 연구, 민주연구원.
권승문·권필석·이정필, 2024, 탄소중립 달성을 위한 그린뉴딜 3.0 정책 과제, 민주연구원.
기상청, 2022, 장마백서 2022.
기상청, 2023, 지역 기후변화 전망보고서 개정판(2023).
기상청, 2024, 2024 폭염백서.
기상청, 2024, IPCC AR6 종합보고서 정책결정자를 위한 요약본 해설서.
기상청, 2025, 2024 연 기후특성 보고서.
김규옥·조선아·이정미·이승민, 2023, 탄소 배출 격차와 사회경제적 요인 분석을 통한 사회 불평등 해소방안 연구, 경제·인문사회연구회.
녹색연합, 2019, 기후변화와 한반도생태계.
보건복지부·한국보건사회연구원, 2025, 통계로 보는 사회보장 2023.
산림청, 2021, 2020년 산림기본통계.
산림청, 2024, 2023 봄철 전국동시다발 산불백서.
산림청, 2024, 2024 산림임업통계연보.
산림청, 2025, 2024년 산불통계 연보.
산림청, 2025, 제6차 산림기본계획(변경)(2018~2037).
서울연구원, 2021, S·DoT 빅데이터를 이용한 서울시 주거지역 폭염 취약도 진단, Data Insight Report 06.
송교욱·이창헌, 2015, 부산 연안역의 기후변화 적응방안, 부산발전연구원.
신상영·김성은·남현정·김상균, 2023, 서울시 반지하주택 유형과 침수위험 해소방안, 서울연구원.
에너지경제연구원, 2024, 2024 에너지통계연보.
온실가스종합정보센터, 2025, 유엔기후변화협약 및 파리협정에 따른 제1차 격

년투명서보고서 및 제5차 국가보고서.
임완섭 외, 2023, 기후위기 불평등과 사회보장-개념적 접근과 사례를 중심으로, 한국보건사회연구원.
전국서비스산업노동조합연맹, 2022, 기후위기와 서비스노동자.
질병관리청, 2025, 2024년 폭염으로 인한 온열질환 신고현황 연보.
채수미·최지희·최소영·황남희·우경숙·정휘철, 2020, 폭염 민감계층의 건강피해 최소화 방안, 한국보건사회연구원.
한국도시연구소, 2017, 최저주거기준 미달 가구 및 주거빈곤 가구 실태 분석.
한국도시연구소, 2022, 생명권과 건강권을 위협받고 있는 지옥고 실태와 대응 방안.
한국에너지공단, 2023, 2022년 신·재생에너지 보급통계.
한국전력공사, 2024, 2023년 한국전력통계.
해양시민과학센터 파란, 2024, 2024년 여름 고수온으로 인한 제주 바다 산호충류 이상 현상.
행정안전부, 2025, 2023 재해연보.

학술지/저널

강명원, 2022, 기후위기 대응을 위한 시민의 직접참여권-프랑스의 기후시민의회(CCC)를 중심으로, 유럽헌법연구, 40, 315-340.
강정원, 2020, 1960년대 박정희 정권의 산림법 제정과 녹화사업, 한국근현대사연구, 92, 143-173.
곽신재, 2022, '환경 이주민' 보호에 관한 국제법적 논의: 개념정의 및 제도설정을 중심으로, 공익과 인권, 22, 47-96.
권승문, 2020, 기후위기는 평등하지 않다, 인권, 130호, 국가인권위원회.
권예은·박찬일·백승윤·손석우·김진원·차은정, 대기의 강이 한반도 지역별 강수에 미치는 영향, 대기, 32(2), 135-148.
권혜원, 2023, 국제 난민보호법체계하에서의 튀르키예 난민법, 홍익법학, 24(1), 235-266.
김동현·강영호·김광일, 역사문헌 고찰을 통한 조선시대 산불특성 분석, 한국화재소방학회 논문지, 25(4), 8-21.

김선화·오창룡, 2023, 시민참여 공론화 해외사례와 시사점, NARS 현안분석, 제293호, 국회입법조사처.

김선희, 2022, 기후난민의 인권 보호-강제송환금지원칙을 중심으로, 세계헌법연구, 28(2), 127-156.

김원희, 2022, 해수면 상승이 가져온 유엔해양법협약 체제의 과제와 해양법 정책에 대한 함의, 서울국제법연구, 29(2), 1-30.

김의경, 2003, 산림녹화의 전개과정, 한국농촌경제연구원 연구보고, 499-515.

김지림, 2023, 기후위기: 국내 거주 이주민 관련 인권적 접근 제안, 공익과 인권, 23, 99-137.

나예지·이승수, 2022, 폭염 시기 온열질환 사망자 정보 체계의 비교 분석, 건설기술 논문집, 41(1), 33-39.

노성룡·배재수, 2020, 조선 후기 송정(松政)의 전개 과정과 특성: 국방(國防) 문제를 중심으로, 아세아연구, 63(3), 39-78.

박경환·이재열, 2023, 기후-이주연계에 관한 비판적 고찰: 기후난민, 적응전략으로서의 기후 이주, 그리고 기후 모빌리티까지, 한국지역지리학회지, 29(4), 428-447.

박년배, 2022, 세계 탄소중립 시나리오와 주요국 탄소중립 목표 수립 동향, 행정포커스 155호, 한국행정연구원.

박병도, 2019, 기후변화와 인권의 연관성에 관한 국제법적 검토, 일감법학, 42, 111-143.

박성욱·이주아, 2023, 우리나라 갯녹음 관리 현황과 생태적·정책적 제언, Ocean and Polar Research, 45(3), 173-183.

박정희, 2022, 뉴노멀이 된 기후변화, 기후위기에서 기후재앙까지, 11(5), 1-18.

박종철·채여라, 2020, 2018년 폭염으로 인한 온열질환자와 초과사망자 분석, 대한지리학회지, 55(4), 391-408.

백상미, 2022, 해수면 상승과 인권: 소실영토 거주민의 인권 보호와 실향 문제를 중심으로, 서울국제법연구, 29(2), 31-69.

서원상, 2009, 국제법상 '환경난민'에 대한 인권 기반적 접근, 환경법과 정책, 3, 123-152.

송민경, 2020.12.30., 최저주거기준의 내용과 개선과제, 이슈와 논점, 제1783호, 국회입법조사처.

안현진·정호근, 2024, 대형산불의 증가, 진단과 과제, 한국농촌경제연구원 이슈플러스, 제21호.

여형범, 2022, 정의로운 전환을 위한 제언, 에너지포커스, 2021년 겨울호, 48-63, 에너지경제연구원.

오상원·하동오·정주철, 2023, 환경정의 관점에서 본 폭염 취약 지역과 사회·취약계층 간의 공간적 패턴 분석, 한국방재학회논문집, 23(4), 31-41.

이동영, 2022, 기후위기 취약계층 보호 대책 개선 방안, NARS 현안분석, 제278호, 국회입법조사처.

이병철, 2025, 기후위기 취약계층 지원 대책 현황과 쟁점, 나보포커스, 제88호, 국회예산정책처.

임연희·이현지·홍윤철, 2019, 2006~2018년 폭염으로 인한 초과사망자 추정, 주간 건강과 질병, 12(37), 1435-1441.

조천호, 2020, 기후위기, '거대한 가속'에서 담대한 전환으로, 시선집중 GSnJ, 281, 1-11.

최원일·박고은, 2024, 2024년 산림분야 기후변화 영향 평가, 산림정책이슈, 제180호.

최은주, 2020, 강제 이동 인구의 증가에 따른 잠재 공간에 대한 사유, 인문사회 21, 11(3), 1067-1080.

한상원, 2022, 세계시민주의의 자기반성: 부정변증법적 비판, 시민과세계, 40, 141-165.

외국 문헌

Baldwin, A., 2013, Racialisation and the Figure of the Climate Change Migrant, Environment and Planning A, 45, 1474-90.

Bettini, G., 2013, Climate Barbarians at the Gate? A Critique of Apocalyptic Narratives on 'Climate Refugees', Geoforum, 45, 63-72.

Burck, Jan et al., 2023. Climate Change Performance Index 2024, German Watch·NewClimate Institute·Climate Action Network International.

Burck, Jan et al., 2024. Climate Change Performance Index 2025, German Watch·NewClimate Institute·Climate Action Network International.

Burzyński, M., Docquier, F., and Scheewel, H., 2021, The Geographic of Climate Migration, Journal of Demographic Economics, 87, 345−381.

Chancel, L., Bothe, P., Voituriez, T., 2023, Climate Inequality Report 2023, World Inequality Lab Study 2023.

Chancel, L., Piketty, T., Saez, E., Zucman, G. et al., 2022, World Inequality Report 2022, World Inequality Lab 2022.

Christian Aid, 2007 Human Tide: The Real Migration Crisis.

Coumou, D., Robinson, A., and Rahmstorf, S., 2023, Global increase in record−breaking monthly−mean temperatures, Climate Change, 118, 771−782.

El−Hinnawi, E., 1985, Environmental Refugees, United Nations Environment Programme, Nairobi.

Fröhlich, C.J. 2016, Climate Migrants as Protes− tors? Dispelling Misconceptions about Global Environmental Change in Prerevolutionary Syria, Contemporary Levant, 1, 38 50.

Germanwatch, 2025, Climate Risk Index 2025−Who suffers most from extreme weather event?

Global Carbon Budget, 2024, −with major processing by Our World in Data. "Consumption−based CO_2 emissions−GCB" [dataset]. Global Carbon Project, "Global Carbon Budget" [original data]. Retrieved May 21, 2025 from https://ourworldindata.org/grapher/consumption−co2−emissions.

Greenpeace, 2021, The Projected Economic Impact of Extreme Sea−Level Rise in Seven Asian Cities in 2030.

Hartmann, B., 2010, Rethinking Climate Refugees and Climate Conflict: Rhetoric, Reality and the Politics of Policy Discourse, Journal of International Development, 22(2), 233−246.

Hausfather, Zeke., 2019, "Analysis: Why children must emit eight times less CO2 than their grandparents", CarbonBrief (April).

IDMC, 2024, Global Report on Internal Displacement, Geneva, Switzerland.

IDMC, 2025, Global Report on Internal Displacement,, Geneva, Switzerland.

IPCC, 2014, Climate Change 2014: Synthesis Report, Geneva, Switzerland.

IPCC, 2018, Global warming of 1.5° C, Geneva, Switzerland.

IPCC, 2019, IPCC Special Report on the Ocean and Cryosphere in a Changing Climate, Cambridge University Press, Cambridge, UK and New York, NY, USA.

IPCC, 2021, Climate Change 2021: The Physical Science Basis, Contribution of Working Group I to the Sixth Assessment Report of the Intergovernmental Panel on Climate Change.

IPCC, 2023, Synthesis report of the IPCC sixth assessment report (AR6), Geneva, Intergovernmental Panel on Climate Change.

Jones et al., 2024, Population based on various sources—with major processing by Our World in Data. "Per capita greenhouse gas emissions including land use" [dataset]. Jones et al., "National contributions to climate change 2024.2"; Various sources, "Population" [original data]. Retrieved May 21, 2025 from https://ourworldindata.org/grapher/per-capita-ghg-emissions

Jones et al., 2024, —with major processing by Our World in Data. "Annual greenhouse gas emissions including land use" [dataset]. Jones et al., "National contributions to climate change 2024.2" [original data]. Retrieved May 21, 2025 from https://ourworldindata.org/grapher/total-ghg-emissions

Kelley, P., Mohtadi, S., Cane, M., Seager, R., and Kushnir, Y., 2015, Climate Change in the Fertile Crescent and Implications of the Recent Syrian Drought, PNAS, 112(11), 3241-3246.

Kothari, U., 2014, Political Discourses of Climate Change and Migration: Resettlement Policies in the Maldives, The Geographical Journal, 180(2), 130-140.

Kothari, U., 2014, Political Discourses of Climate Change and Migration: Resettlement Policies in the Maldives, The Geographical Journal, 180(2), 130-140.

Linda Adil et al., 2025, Climate Risk Index 2025, German Watch.

N. Myers, 1995, Environmental Exodus: An Emergent Crisis in the Global Arena, Washington, DC, Climate Institute.

NASA, 2023, Assessment of Sea Level Rise and Associated Impacts for Tuvalu.

Norwegian Refugee Council, 2011, The Nansen Conference—Climate Change and Displacement in the 21 Century.

Oxfam, 2023, Climate Equality: A Planet for the 99%.

Oxfam, 2024, Carbon inequality kills: Why curbing the excessive emissions of an elite few can create a sustainable planet for all.

Richard Black, 2011, Environmental Refugees: Myth or Reality? New Issues in Refugee Research, UNHCR Working Paper no. 34.

Setzer J and Higham C, 2024, Global Trends in Climate Change Litigation: 2024 Snapshot, London: Grantham Research Institute on Climate Change and the Environment and Centre for Climate Change Economics and Policy, London School of Economics and Political Science.

Shah, S., 2020, The Next Great Migration: The Beauty and Terror of Life on the Move, Bloomsbury Publishing, London.

The Loss & Damage Collaboration, 2022, THE COST OF DELAY—Why finance to address Loss and Damage must be agreed at COP27.

The White House, 2021, Report on the Impact of Climate Change on Migration, October 2021, Washington, D.C.

Thiery, W., et al., 2021, Intergenerational Inequities in Exposure to Climate Extremes. Science, 374(6564), 158−160.

UNEP, 2020, Emissions Gap Report 2020.

UNEP, 2021, Emissions Gap Report 2021.

UNEP, 2022, Emissions Gap Report 2022.

UNEP, 2022, Spreading like Wildfire—The Rising Threat of Extraordinary Landscape Fires. A UNEP Rapid Response Assessment. Nairobi.

UNEP, 2023, Emissions Gap Report 2023.

UNEP, 2024, Emissions Gap Report 2024.

UNHCR, 2020, Legal considerations regarding claims for international protection made in the context of the adverse effects of climate change and disasters, Geneva, Switzerland.

UNHCR, 2021, Global Trends: Forced Displacement in 2020, Geneva, Switzerland.

UNHCR, 2022, Climate Change, Displacement and Human Rights, Geneva,

Switzerland.

UNHCR, 2024, Focus Area Strategic Plan for Climate Action 2024-2030, Geneva, Switzerland.

UNHCR, 2024, Global Trends: Forced Displacement in 2023, Geneva, Switzerland.

UNHCR, 2024, No Escape: On the frontlines of Climate Change, Conflict and Forced Displacement, Geneva, Switzerland.

United Nations Human Rights Committee, 2020, Views Adopted by the Committee under Article 5 (4) of the Optional Protocol, Concerning Communication No. 2728/2016, CCPR/C/127/D/2728/2016.

United Nations Human Rights, 2022, Towards a just transformation: climate crisis and the right to housing.

Viviane Clement et al., 2021, Groundswell: Acting on Internal Climate Migration, Part II, Washington, DC, World Bank Publications.

WMO, 2025, State of the Global Climate 2024, Geneva, Switzerland.

WWF, 2024, Living Planet Report 2024-A System in Peril, WWF, Gland, Switzerland.

Zhao, Qi et al., 2021, Global, regional, and national burden of mortality associated with non-optimal ambient temperatures from 2000 to 2019: a three-stage modelling study, The Lancet Planetary Health, Volume 5, Issue 7, e415-e425.

Zheng, H., Long, Y., Wood, R. et al., 2022, Ageing society in developed countries challenges carbon mitigation. Nat. Clim. Chang, 12, 241-248.

인격적으로 점잖은 무게 '드레'

드레북스는 가치를 존중하고 책의 품격을 생각합니다